di Raffaele Morelli negli Oscar

L'alchimia
Ama e non pensare
Breve corso di felicità
Ciascuno è perfetto
Come amare ed essere amati
Come essere felici
Come trovare l'armonia in se stessi
Crescerli senza educarli
Dimagrire senza dieta
La felicità è dentro di te
La felicità è qui
(con Luciano Falsiroli)
Guarire senza medicine
Lezioni di autostima
Il manuale della felicità
Il meglio deve ancora arrivare
Nessuna ferita è per sempre
Non siamo nati per soffrire
Le parole che curano
Le piccole cose che cambiano la vita
Il potere curativo del digiuno
Puoi fidarti di te
La rinascita interiore
La saggezza dell'anima
Il segreto dell'amore felice
Il segreto di vivere
Il sesso è amore
Solo la mente può bruciare i grassi
Il talento
L'unica cosa che conta
La vera cura sei tu
Vincere il panico

RAFFAELE MORELLI

LEZIONI DI AUTOSTIMA

Come imparare a stare bene con se stessi e con gli altri

Basato su *Autostima, le regole pratiche* (Edizioni Riza, 1997) e *Le nuove vie dell'autostima* (Edizioni Riza, 2007) di Raffaele Morelli

I edizione Come*fare* aprile 2013
I edizione Oscar Bestsellers gennaio 2015

ISBN 978-88-04-66654-7

Questo volume è stato stampato
presso ELCOGRAF S.p.A.
Stabilimento - Cles (TN)
Stampato in Italia. Printed in Italy

oscarmondadori.it

Anno 2021 - Ristampa 9 10 11 12 13 14

librimondadori.it

Indice

LEZIONI DI AUTOSTIMA

Introduzione

Durante i miei corsi, e con i miei pazienti, cerco di comunicare sempre che l'autostima è qualcosa che è già dentro di noi, coincide con noi, come la statua nascosta nel blocco di marmo che attende solo l'abile mano dello scultore capace di "partorirla" dalla materia grezza. Grazie a questo "ritrovamento", abbiamo iniziato a comprendere anche perché il novanta per cento della nostra vita sia vissuta male, sbilanciati come siamo verso eventi che sono ormai definitivamente conclusi oppure verso "cose" che verranno e per le quali occorre lavorare in perenne aspettativa, quasi in una sorta di anestesia volontaria nei confronti della vita che sta scorrendo adesso, nel presente.

Ecco: il nostro non saper vivere nell'oggi è una delle tante zavorre che frenano l'autostima, è come il marmo che lo scultore deve scalpellare per portare alla luce la sua statua. E lo scalpello, nel nostro caso, è rappresentato dall'abolizione della logica dei rinvii e delle aspettative, si fonda sulla fine dei sensi di colpa e dei ripensamenti, emerge dal trionfo della leggerezza e della spontaneità.

Per accostarsi a questo esercizio di "stare nel presente" può essere utile ricordare uno dei fondamenti dell'alchimia: non esistono un prima e un dopo, ma un tempo continuo, un flusso di realtà in perenne autotrasformazione all'interno del quale noi siamo calati, come tutto il mondo che ci circonda. In un'ottica di questo tipo, si sfaldano i presupposti temporali tradizionali di passato e futuro, cade la filosofia del lavorare per obiettivi, viene meno la determinatezza del reale, cedono i limiti mentali, culturali, sociali. E il nostro esistere, più che un progredire verso mete lontane e spesso irraggiungibili, si trasforma in un dolce e sereno galleggiare all'interno dell'Universo presente.

Pensate ai pellegrini. Qual è il vero scopo del pellegrinaggio? Non tanto la meta, l'arrivo, la visita alla cattedrale o al sepolcro con le reliquie di santi o martiri: il pellegrinaggio distilla la sua principale funzione "formativa" nel momento stesso in cui viene compiuto, e dunque nel fare, nell'andare, nell'essere calati nel flusso del movimento preordinato alla continua ricerca. Il viaggio verso l'autostima diventa così il nostro pellegrinaggio: una dolce dilatazione del presente e del "senza tempo" all'interno della quale ciascuno di noi è una scia, non un monolito statico e pesante che si affatica verso il raggiungimento di un obiettivo limitato e limitante.

In questo nuovo viaggio, dove la volontà e la coscienza sono le fiaccole che illuminano il cammino, ogni difficoltà può essere superata con la semplice convinzione che non esistono le "parti", ma che noi siamo un evento unico. Nel centro di noi stessi, dentro il Sé, ci sono già tutte le risposte, tutte le soluzioni: il problema è che il Sé se ne sta nascosto, occultato nel buio, ed è difficile raggiungerlo. Ma noi spesso siamo così totalmente identificati con la superficie delle cose da credere che la superficie sia la verità.

Questo è un errore di prospettiva che ci porta lontano dalla via dell'autostima. Per questo, molte volte mi sono chiesto: "Possiamo continuare a vivere sotterrando totalmente la natura, i suoi cicli, i suoi ritmi, le sue leggi?". Si insinua, tra le pieghe di un atteggiamento di questo tipo, una sensazione di violazione, di devianza, di pericolosità. Ma noi quasi sempre ci ostiniamo a credere di essere ciò che in realtà non siamo. In questa chiave le malattie – quando intervengono – non sono altro che confessioni dell'anima, tentativi del nostro Io più "profondo" di espellere le nostre inutilità, le nostre illusioni, le false credenze, la nostra finta personalità, i nostri inutili sforzi di comportarci in maniera non naturale.

Certo: dare ascolto a questa Voce interiore e cedere al messaggio dei disagi è difficile, specialmente in una società che da sempre ci insegna ciò che dovremmo essere attraverso un apparato rigido fatto di imposizioni, di moralismi e di psicofarmaci. Eppure, più ci costringiamo alle regole, più per reazione cerchiamo di trasgredirle. Più credenze ci infiliamo nella testa, più aderiamo ai modelli, più diventiamo la noiosa fotocopia di noi stessi. In questo modo, dimentichiamo che noi siamo l'energia creativa dell'Universo. Anzi: noi siamo l'Universo.

Quello che oggi siamo è in larga misura il parto dei mondi precedenti, ma se incominciamo a chiederci se stiamo crescendo bene i figli, se ci stiamo comportando in maniera socialmente corretta, se abbiamo un buon grado di riconoscibilità nella nostra cerchia di amici o sul posto di lavoro, finiremo per essere travolti da una babele di schemi e di parole che non appartengono al presente ma al passato, a volte neppure al *nostro* passato.

E allora, ognuno di noi può cominciare a porsi questa domanda: "Sto veramente esprimendo il mio vero talento, la mia creatività?". Il mio lavoro di psicoterapeuta mi ha insegnato che le persone creative non uccidono, non aggrediscono, non violentano. E soprattutto, non si coprono di corazze, non hanno bisogno di difendersi, non si abbarbicano a credenze né a regole di comportamento, non usano la società come pretesto per giustificare le loro azioni.

Proviamo a scendere dentro noi stessi, cerchiamo dentro di noi il talento, svestiamoci delle sovrastrutture e degli abiti, concreti e mentali. Amiamoci per quello che siamo: un punto di luce nella Grande Danza.

Nella mia professione mi capita spesso di incontrare persone che hanno dei problemi di autostima, che soffrono perché non riescono ad amarsi abbastanza e, di conseguenza, a farsi amare.

Per tutti loro, e per tutti quelli che patiscono questo disagio, ho deciso di riassumere in questo libro il mio pensiero sull'autostima, e la via per conquistarla. Ho diviso le mie idee in sette lezioni, sette messaggi chiave su cui riflettere. Ho scelto di riportare anche dei brani di conversazione con miei pazienti e dei miei incontri di gruppo, perché le domande, le obiezioni e i problemi esposti sono spesso comuni a molti e, immagino, anche al lettore.

Per aiutare il nostro percorso verso l'autostima ho pensato fosse utile anche proporre dieci consigli di saggezza tratti dalle parole di maestri antichi o contemporanei, da visualizzare e ripetere come mantra. E infine, per concludere, una serie di piccoli esercizi. Per riconquistare, giorno dopo giorno, il piacere di stare bene con se stessi.

1
Dilatare il presente

Il tempo è uno dei principali fattori di condizionamento della nostra vita: oggi tutti siamo calati in un mondo che corre, che ci trascina e spesso ci travolge lungo il suo cammino rivolto al futuro. La ricetta per non essere vittime di questa corsa convulsa sta proprio nell'imparare a rallentare: è sufficiente qualche minuto di riflessione per entrare in una zona di "non tempo", collocata al di fuori dei modelli esistenziali preformati, lontano dagli orari del lavoro e dei riti governati dalla società.

Questa collocazione in una sfera di "senza tempo" è già da sola terapeutica: si tratta di un'area amniotica che ritagliamo per noi stessi, uno spazio affettivo, ancestrale e privato, all'interno del quale passato e futuro non esistono più. È proprio con questo obiettivo che tutte le religioni suggeriscono la via della meditazione e della contemplazione, ma mentre la religione è un insieme di regole schematizzate e preformate che contiene in sé molti elementi costrittivi, la contemplazione è uno stato libero di benessere che ci porta nella "piscina" del senza tempo: un "non luogo" in cui si realizza uno stato di pace totale, nel quale l'uomo e il cosmo si compenetrano in uno stato di benessere profondo. Calati nel "senza tempo", comprendiamo che passato e futuro sono due sovrastrutture che non fanno più (o ancora) parte del nostro presente: il passato è una forma di attaccamento a uno schema intriso di ricordi, e ci riporta al dolore di ciò che è stato e non sarà più; il futuro, dal canto suo, produce l'ansia di quello che non è ancora, che potrebbe non avvenire o che, se anche avvenisse, potrebbe finire.

Troppo spesso ci rammarichiamo di cose che abbiamo fatto ieri e temiamo per il fatto di non poterne fare altre che arriveranno domani; passato e futuro, ciascuno a proprio modo, diventano così fonti di malessere che ci distraggono dal nostro essere reale, dal nostro essere creature calate nel flusso di un eterno presente.

Passato e futuro ci costringono ad accumulare rimpianti e aspettative che ci allontanano da quello che i latini chiamavano l'*hic et nunc*, il qui e ora. Il "senza tempo" è uno stato di presente totale, eterno, indefinito, un *unicum* assorbente all'interno del quale godiamo di una percezione assente, non codificata di noi stessi e della realtà.

Nel senza tempo ci ripetiamo in silenzio un mantra: "Io sono qui adesso, e c'è qualcosa che mi sta creando in questo stesso momento, nel grande ventre dell'Universo. Io faccio parte dell'evoluzione del mondo oggi, non domani. Sono un tassello del grande mosaico nella magia del presente. Quello che accade ora è irripetibile, e potrebbe non accadere mai più: di questa certezza io devo godere appieno, ed è in questo incontro con la realtà presente che io realizzo me stesso".

Quando i cinesi definiscono il Tao, lo collocano vicino al "senza tempo". Così il Sé è in quasi tutte le tradizioni che lo hanno immaginato in "un altro tempo". Solo l'istante dà l'idea di quello "stato infinito" che più gli si avvicina. Quando facciamo le cose nella realtà, sforziamoci dolcemente di pensare che l'istante è la nostra guida. Dove siamo? Stiamo pensando al passato. A cose che abbiamo fatto e che avremmo voluto non fare. Scatta il senso di colpa. "Sarei migliore se non avessi fatto quelle determinate cose..." Tre anni fa, due mesi addietro, ieri, un'ora fa, cinque minuti fa...

Ricordiamoci che è il nostro Io che ragiona così, e se ragioniamo così siamo fuori tempo. Chiediamoci spesso durante la giornata: "Sono nell'istante? O sono fuori tempo?". Idem per il futuro. "Mi sto angosciando per una cosa che farò tra un mese, tra un'ora, tra un anno?" Ebbene, dobbiamo tornare nell'istante, qui, adesso. C'è solo l'adesso. Guai se il nostro Sé che regge il nostro corpo, che è il nostro corpo, come dice Nietzsche, si chiedesse se il cuore batteva meglio ieri, rispetto a oggi.

La mia autostima è facile se imparo a stare nel presente.

Perché non posso fare niente per il futuro?

Perché appartiene alla psicologia di un tempo lontano da te. Immagina che c'è solo questo istante. Col tuo fidanzato, per esempio, sei sempre fuori tempo. Vorresti lasciarlo e te lo riproponi ogni giorno, poi non lo fai mai e ti colpevolizzi. Sei fuori tempo perché progetti un abbandono che non realizzi, sei tutta orientata a risultati che dovrai raggiungere, progetti che dovranno venire, ma così facendo ti autocondanni all'infelicità.

Sì, ma queste cose fanno parte della vita. Se poi uno le realizza allora aumenta l'autostima e diventa felice; certe esperienze possono servire per non farci pensare...

C'è solo questo istante.

Ma se l'istante non mi piace, non ci voglio stare, voglio scappare...

Dimmi una cosa che ti ha ferito. Una frase, una parola, una situazione.

Ho lottato tutta la vita per essere una donna in-

telligente e mio marito mi ha dato della scema. In quel momento mi è crollato il mondo addosso perché mi sono sentita come mia mamma, quando mio papà la chiamava "oca". Tutta la mia vita è stata una lotta per essere una donna intelligente, autosufficiente, autonoma. Quando mi ha detto "scema", mi è crollato tutto.

Cosa possiamo fare quando ci feriscono? Sentire la ferita sì, quello è normale e salutare. Possiamo sentirci a disagio. "Non sono la mamma che vorrei", "Sto facendo la moglie che non mi piace", "Sono un'insegnante che non mi piace"... Un secondo dopo però, con quel dolore che sentiamo, proviamo a chiudere gli occhi e dire: "Ok, io ci sono". Dilatiamo l'istante. In questo istante io ci sono, quel dolore si ferma lì, non crea tutta la confusione che gli possiamo aggiungere noi.

Tuo marito ti ferisce, ma la ferita la amplifichi tu, perché la proietti nelle altre ferite del passato che non c'entrano con quella o nelle ferite che pensi verranno che pure non c'entrano. Tutte le volte che subisco un attacco, che la mia autostima è aggredita, lo è in quell'istante, in quel momento, in quella situazione. Il resto lo aggiungiamo noi andando fuori tempo.

Io faccio così per un'ora o due, è straziante. Ma il disagio non se ne va perché il pensiero ritorna e mi dice: lui mi ha detto questo, mi ha fatto questo...

Tutte le volte che il pensiero riemerge bisogna fermarsi e chiedersi: "Sono fuori tempo? Quando è successa la cosa? Due minuti fa, un minuto fa? Basta, è finita! Il dolore che ha fatto, lo ha già compiuto". Ci siamo? Tutto ciò che succede dopo, il ridondare della mente, lo facciamo noi. Ma da adesso sappiamo che tutto ciò che pesa, può pesare per un istante.

Ma è difficile per uno che è abituato a pensare e ripensare, che ha sempre rimuginato tanto, anche per anni, le stesse cose.

Mi stai parlando di una cosa del passato o del futuro?

Del passato.

Sarà difficile, è stato difficile: adesso parliamo del presente! Mi viene detta una frase che mi colpisce, mi fa male, mi ferisce. Soffro! Soffro! Quella sofferenza è naturale, quindi soffro, poi mi porto nell'istante successivo ed entro nel mondo dell'istante: io sono qui, presente a me stesso, ci sono solo io, non c'è la mamma che devo essere, non c'è l'insegnante che devo essere, non c'è la donna che deve dire al fidanzato che lo lascia, non c'è una decisione che devo prendere adesso, perché riguarda un avvenimento che non è di questo istante, non faccio sforzi inutili, faccio solo quello che posso fare, tutto ciò che mi ferisce lo metto sullo sfondo e dilato l'istante. Mio marito mi ha insultato, sento male, lo metto sullo sfondo e dilato l'istante, c'è solo questo istante, via via che l'istante si dilata, nell'arco di poco tempo si può incominciare a sorridere di quello che è accaduto.

Ma se la situazione non cambia, perché sai che domani sarà uguale a oggi...
Domani non è adesso! Guai se voi pensate: "Tanto non cambierà"; voi siete i protagonisti di ciò che accade. Dentro di noi può cambiare il mondo... Se facciamo quest'operazione di mettere sullo sfondo passato e futuro automaticamente entriamo nell'istante, è una sorta di distrazione cosciente.

Come dice l'antropologo Alain Bauer: "L'uomo bianco non è capace di fare la cosa più semplice, stare nel suo momento, nel suo tempo. Pensa che se gode dell'istante in cui si trova, poi sarà punito. Per cui vive come sospeso tra due momenti che non esistono: il passato che non c'è più e il futuro che forse non arriverà mai". Chi ha mai detto che se continuiamo a pensare a una cosa, questa poi ci verrà meglio? Per quale motivo si deve costruire uno spazio per il successo nella sofferenza? E se anche arriveremo allo scopo, chi ci toglierà quella sofferenza che ci siamo dati? Perché non proviamo a pensare, in ogni cosa che facciamo, che questo è l'unico istante che stiamo vivendo? La vita, in genere, ci scorre via infelice perché il nostro Io crede che l'attimo che sta vivendo sia un momento di passaggio in attesa di "momenti migliori" che verranno.

Proviamo a pensare, come fa il nostro Sé, che ogni attimo sia l'unico. Allora l'istante si allarga, lo spazio si dilata e conta tutto quello che sto facendo adesso, in questo momento. Anche se non sarò promosso, anche se non ho la partner che sognavo, anche se il mio lavoro non è quello che mi realizza, io in questo istante ci sono. Esisto. Allargo la mia mente su questo dilatarsi del presente.

2

Resa della coscienza

La "resa" della coscienza è uno stato della psiche che ritengo decisivo per l'autostima. La resa significa entrare in uno speciale "stato di abbandono", una sorta di "coscienza vuota" da ricercare durante la giornata. Ma che cos'è la coscienza? La coscienza è uno stato puro di presenza, che ci conduce alla piena consapevolezza di noi stessi.

La coscienza può essere assimilata a un flusso universale ed eterno, a qualcosa che sempre è stato e sempre sarà. Noi, invece, tendiamo a incasellare la coscienza all'interno di sovrastrutture di pensiero, la limitiamo dentro recinti mentali che la offuscano e le tolgono brillantezza. È un po' come se noi fossimo in grado, per cultura e per abitudine, di percepire solamente una coscienza codificata: non una presenza superiore ma una coscienza che coincide e viene limitata al mio essere di adesso, a questo corpo, a questo amore, a questo lavoro... Il dramma della vita moderna sono i disagi dilaganti che essa sembra produrre nella mente e nel corpo e che sono invece collegati all'eccesso di codificazione del nostro essere.

Così facendo, rinchiudiamo la coscienza dentro una gabbia preformata e, di conseguenza, la costringiamo all'interno di una situazione contingente e fatalmente riduttiva. In questo modo, ci dimentichiamo che la coscienza può coincidere anche con lo spazio del nostro Io, ma non si limita a esso: la coscienza non ci appartiene, semplicemente la coscienza è, infinitamente.

Smettiamola di pensare e di credere: usciamo dai territori governati dalla mente e lasciamo che il corpo "senta", finalmente libero da sovrastrutture di natura cerebrale.

Non abbiamo mai fatto caso a come ci sentiamo bene quando siamo nudi, senza vestiti addosso? Ci regalano piacere il contatto dei piedi con la sabbia, la carezza dell'acqua marina sul corpo, il vapore di una sorgente termale che avvolge il volto e solletica le narici. Ecco, per la nostra coscienza liberata dai "pensieri" la sensazione è la medesima: più la coscienza riesce a stare senza "abiti" e a contatto con l'Universo, più riusciamo ad alleggerirla dagli schemi mentali e meglio sta.

Ma per fare questo, per liberarci dai pensieri negativi e dalle sovrastrutture che gravano e appesantiscono la nostra coscienza, non dobbiamo opporre resistenze: nella nostra palestra ideale dovrebbe essere bandito il concetto di "sforzo". Lo sforzo, infatti, richiama l'idea di fatica, di costrizione, di impegno snervante, mentre il nostro benessere deve nascere in maniera morbida, spontanea, fluida e assolutamente naturale.

Per esempio: vi siete accorti che quanto più ci sforziamo di combattere i disagi che ci assalgono, tanto più li rinforziamo? Da parte mia, ogni volta che provo un disagio, seguo questa tecnica, che vi invito a provare: quando sentiamo che sta arrivando l'ansia, mettiamoci in un stato di "dolce cedevolezza", non opponiamole resistenza. Lo so: in genere viviamo in modo rigido, sforzandoci di affrontare la vita in maniera ferma, sicura, con la spina dorsale ben eretta, come ci hanno insegnato i genitori e i maestri. Ma come al cambio di stagione si tolgono gli abiti vecchi dal guardaroba, così, di tanto in tanto, dovremmo avere il coraggio di ripulire la nostra vita dall'irrigidimento degli schemi mentali. Anche un vestito, di qualunque tipo esso sia, è una sovrastruttura. Perché l'uomo nasce nudo, e il suo è uno *status* naturale e libero in cui deve tornare ogni volta che può.

Io cerco sempre di capire come sono, se ho fatto bene o male a fare una certa cosa.

Quando vedo che lo sforzo di capire prende il sopravvento, faccio la stessa operazione di dilatazione dell'istante. Stacco e torno al presente. Voler capire perché sono così, anziché in un altro modo, porta continuamente ad autodiscutersi. Autodiscutersi, come capire, non serve a nulla.

Si può cercare di fare come i bambini che sono coinvolti nell'istante in cui si trovano. Piangono e subito dopo ridono. Sono totali: sono sempre nel presente.

Allora ci vorrebbe più incoscienza...

La coscienza è l'elemento decisivo della nostra vita, ciò che ci distingue dal mondo animale. Nel senso dell'autocoscienza l'uomo ha, rispetto all'animale, la capacità di uscire dalla prigione dell'istinto. Senza esasperare troppo la differenza tra uomo e animale, certamente ci accorgiamo che l'uomo è capace di fare operazioni che in qualche modo l'animale non ha, chiuso com'è dai bisogni della specie... Quindi la coscienza in sé è il centro di un grande destino.

L'uomo può, attraverso la coscienza, risolvere problemi, fare operazioni razionali. E qui sta il grande dilemma dell'Occidente, che spesso confonde la coscienza con la coscienza razionale, con i pensieri. Noi ci sentiamo unici quando pensiamo. Noi siamo una cultura grandiosa, che ha fatto operazioni di progresso straordinario, però siamo anche una cultura molto pervasa dal senso di colpa e soprattutto molto concentrata sull'aspetto del procedimento razionale delle cose; insistiamo molto sulla parte pensata, più che sulla parte sentita. L'intelligenza non è nei nostri pensieri, noi non siamo intelligenti perché pensiamo di più, noi siamo intelligenti perché scatta quella scintilla che ci fa, attraverso una serie di operazioni, risolvere un problema. Col pensiero purtroppo usciamo dalla "totalità" che siamo, da quella "totalità" che è il nostro Sé. Il Sé è, come dice Jung, il simbolo del "senza tempo", una sorta di eterno presente.

L'esercizio della dilatazione dell'istante porta a dare meno importanza alla realtà strutturata che ci appare attraverso i nostri pensieri, e più spazio a quel mondo senza confini che è il nostro essere interiore.

Dobbiamo, insomma, ritornare un po' bambini, quando eravamo coinvolti nella risata come nel pianto pur senza esserne razionalmente coscienti...

Sì, esatto, e che poi sia la nostra totalità cosciente a decidere dove portarci. L'edera si arrampica, non si chiede perché e non è una buona edera se non si arrampica. Di un modo cerebrale di essere ci si può liberare, soprattutto se si pensa che quel modello non sia il massimo o l'unico da raggiungere. Dobbiamo cercare di uscire da questo clima psicologico dove si discute su tutto, si ripensa a tutto. Capire vuol dire uscire dal piano affettivo dell'essere; i sentimenti non si devono capire, anzi, chi cerca di capirli li uccide. Tutte le volte che vuoi capire un sentimento, lo annienti, tutte le volte che traduci un simbolo, lo tradisci... Tutti i nostri perché uccidono la coscienza.

Non ho capito bene questa storia dell'abolire i perché. Ho provato a distanziarmi da situazioni dolorose dicendo: "Vabbè, ne prendo atto, è andata così e non posso modificare le cose". E poi, dopo questo gesto così poco razionale, mi è venuta una rabbia tremenda, una volta staccata da questa situazione mi sembrava una finzione, perché io sono una persona che i perché li vuole sapere, non posso mica far finta di essere un'altra...

Fai attenzione a quello che io dico: l'esercizio del presente, di dilatare l'istante a cosa punta? Non a trasformarti in un individuo diverso da ciò che sei, ma a essere quello che sei. Cosa vuol dire questo? "Io sono una che i perché li vuole sapere!" Ma nessuno ti impedisce di sapere i perché; il problema è lo stare male, il disagio mentre tu cerchi i perché, questo è il punto.

Il codice affettivo non appartiene al codice razionale. Tutti i perché che ti poni non ti danno spiegazioni. Perché ami? Perché ami lui e non l'altro, come fai a saperlo? Perché ti sta antipatico quello, anziché quell'altro? Evidentemente risposte non se ne possono dare, però potete cedere alla vostra affettività, quello che voi potete fare per la vostra autostima è *arrendervi*, non potete fare nient'altro che arrendervi, piantarla di fare resistenza. Via i perché, via i consigli, via i rancori, perché sono tutte operazioni fuori tempo e, soprattutto, arrendetevi all'istante!

Ma come, arrendersi nel senso di cercare di non capire?

La resa che cos'è? È quello stato psichico in cui tu lasci che le cose dentro di te avvengano, senza interferire. Solo così ti puoi conoscere, solo così, non hai altro modo. Più ti chiedi perché, più le emozioni svaniscono. Prova mentre fai l'amore a chiederti perché lo stai facendo, smetteresti di farlo. Con chiunque!

Ma arrendersi all'istante cosa vuol dire?

Significa che quando mi chiedo perché, io sto uscendo da un fatto; invece mi arrendo. Arrendersi vuol dire: "Mio marito non lo fa, mi arrendo e vado oltre". Mi arrendo a me stesso, a tutto quel disagio che mi fa provare lo scontro con lui, mi arrendo alle tentazioni. Le tentazioni sono importantissime, se non ne avessimo...

Di che genere?

Tutte. Arrendersi, l'ho detto prima: c'è una differenza sostanziale tra la scoperta di un'emozione, di un'immagine, di un pensiero e la sua esecuzione. Se io fantastico di dare una sberla a uno, non vuol dire che gliela devo dare. Se provo attrazione sessuale per qualcuno, non è detto che la debba assecondare, poi posso scegliere. Se ho un particolare desiderio di un cibo, non è detto che io, poi, lo debba mangiare. Quando io sto male? Quanto più non mi arrendo alla presenza di eventi emotivi, che si collocano dentro di me, quanto più li spiego. Per esempio: quell'uomo che ho visto l'altro giorno mi piace, ma veramente non è proprio che mi piace, mi piace perché ha un modo intelligente di... ha quell'intellettualità che mi ricorda mio padre che, quando... No! Lo desidero e basta, questa è la resa, ci siamo?

Riconoscere un sentimento che c'è in te.

Esatto, non spiegarlo! Riconoscerlo. Proviamo a immaginare l'angoscia e la gioia: sono processi psichici che sono antitetici al pensiero; se si pensa non si può avere l'orgasmo. Cosa vuol dire questo? Che i pensieri sono fuori dal mondo delle emozioni. Allora quando noi siamo nel mondo delle emozioni, non possiamo pensare e razionalizzare.

Una cosa che mi ha colpito, sia in Cina che in Africa, è l'idea di saggezza che hanno entrambe queste culture. L'allievo vuole capire, formula le domande e chiede: "Ma dov'è la verità?", il saggio gli risponde: "Tu hai troppa testa, perché io possa parlare con te!". Passa un anno, l'allievo torna e gli dice: "Ma la verità non c'è!" e il saggio gli risponde: "Torna quando non sarà la tua testa a parlare". Passano ancora due anni, egli torna e dice: "Ma non esiste niente! Non c'è niente!". "Ti stai avvicinando" gli dice il saggio "ma la testa ancora non capisce." Passa un anno e il giovane torna: "No, c'è il tutto!" e il saggio risponde: "Fai ancora troppo casino, torna fra un anno!". Questo dopo un anno torna e dice: "C'è niente e c'è tutto". "Ci stiamo avvicinando" risponde il saggio. Infine l'allievo dice: "Ci sono, adesso". "Bene" risponde il saggio "adesso possiamo incominciare a parlare." Questa è la sequenza, il presente diventa, per l'uomo che vuole conoscersi, decisivo; fateci caso: il sogno dopo un minuto l'abbiamo perso, quindi quello che raccontiamo è modificato dalla nostra mente. Non esistono operazioni che non siano controllate dalla mente: questo è il punto chiave. Solo l'istante ci porta fuori dai pensieri, ci fa stare nella coscienza.

3

Uscire dal sentimento di inadeguatezza

È sorprendente pensare come l'uomo sia l'unico animale del cosmo capace di disprezzarsi, capace di "svalutare" la propria presenza nell'Universo. "Non mi piaccio", "Non mi stimo", "Mi sento inadeguato" sono formulazioni che spettano solamente al mondo della comunicazione intra ed extrapsichica dell'uomo. Non possiamo certo immaginare un leone insoddisfatto della propria forma psicofisica o capace di colpevolizzare la propria aggressività. Certamente il leone non conosce il conflitto, così caratteristico dei nostri tempi, tra ciò che è e ciò che vorrebbe essere. Vi è di certo qualcosa di sbagliato se riusciamo a disprezzare e disistimare quel "prodotto dell'Universo" che siamo e che continuiamo a essere.

Quando ci chiediamo: "Che cosa si deve fare per

migliorare?" già partiamo da un presupposto sbagliato. Perché dovremmo "migliorare"? Perché dovremmo ritenerci inadeguati? Quali sono le persone che hanno l'autorità per farcelo credere e per imporci di lavorare a tutti i costi sulla strada del cambiamento?

Non diamo ascolto a coloro che ci dicono che "bisogna migliorare". Cominciamo invece a guardarci allo specchio con animo sereno, in maniera schietta e obiettiva, come se osservassimo non noi stessi ma qualcun altro, liberi dai giudizi e dall'eccesso di autocritica. Cerchiamo di essere morbidi, svestiamoci dai nostri abiti di tutti i giorni e mettiamoci nudi davanti a noi stessi.

"L'Universo è fatto per l'uomo: e senza l'uomo, nulla avrebbe senso nell'Universo" dice un guru indiano. Se partiamo dal presupposto che ciascuno di noi è parte dell'Universo e ne è perennemente creato, dobbiamo concludere che non esiste nulla al di fuori di noi. E nessuno, a partire da noi stessi, ci può imporre dei programmi di comportamento e di cambiamento.

Il più delle volte il malessere nasce dentro di noi, è una nostra proiezione, è un distillato della nostra essenza più intima che non va rimosso, ma con il quale si deve imparare a convivere. Il malessere, come il dolore, è una secrezione chimica del corpo che ci distoglie dal nostro essere ininterrotto e spazza via le scorie dell'esistenza; è una "prova" che ha una sua profonda ragion d'esistere, e aggirarlo equivale semplicemente a rinviare il confronto con l'Universo che è in noi.

Nella nostra idea di vita ideale, i sentimenti "belli" dovrebbero essere un flusso energetico caldo, positivo e possibilmente ininterrotto. Con questa idea scolpita dentro di noi non potremo che sentirci inadeguati ogni volta in cui proveremo un sentimento "negativo", ogni volta in cui non ci sentiremo all'altezza delle aspettative nostre e altrui... Ma questo è solo uno schema, una convinzione, un ideale utopico: la nostra vita è sì un flusso, ma alterna momenti di calore e di freddezza, e non è detto che nelle zone "gelide" non si possa comunque trovare una manifestazione del nostro essere. Anche l'amore è fatto di stati contrapposti: è inimmaginabile pensare che due amanti siano sempre "caldi" e sempre presenti a se stessi nel medesimo modo. Passione e freddezza si alternano anche nella più profonda delle storie d'amore, ed è proprio quest'alternanza di stati che genera la presenza. La freddezza non è né meglio né peggio del calore: il fatto di volerla definire, "giudicare", è solo una sovrastruttura che ci imponiamo noi, con la nostra morale e il nostro orgoglio. Anche nella religione si trova una visione bipartita del "male": da una parte esistono le forze "benefiche" (identificate con gli angeli), dall'altra quelle "malefiche" (incarnate dal demonio). Tuttavia, non si tratta di due realtà divergenti ed esterne all'uomo, ma di aspetti della sua stessa essenza. Così, quando diciamo di avere un pensiero "malvagio", in realtà stiamo solo consentendo di agire agli strati bassi della nostra coscienza, un luogo buio ma reale dove si coagulano forze disordinate e oscure.

Ecco il segreto: solo nel momento in cui noi ci estraniamo dallo schema di "persona buona" che ci siamo imposti o ci è stato imposto dalla morale, riusciremo a contemplare serenamente sia le forze positive che quelle negative. Solo in questo modo quell'entità che siamo abituati a definire "male" finirà sullo sfondo, e potrà essere conosciuta e manipolata in maniera oggettiva. Anche perché, se il male viene rimandato indietro senza essere conosciuto, alla fine riaffiora: è quello che succede al santo che, proprio perché reprime il male, è continuamente assillato dalle tentazioni, che assalgono a frotte la parte "luminosa" della sua coscienza.

Ma attenzione: le forze libere e non ordinate di per sé non hanno una valenza né positiva né negativa. Tutto dipende da come noi le guardiamo. Anche il diavolo, visto dal basso, appare come un capro violento con gli zoccoli; ma se ne prendiamo distanza e lo osserviamo dall'alto, ci apparirà come un coacervo di energia e di forza. La nostra capacità consiste allora nel saper utilizzare anche questa energia in maniera costruttiva, dal momento che anch'essa rappresenta una porzione delle forze che abbiamo dentro di noi: perché se è vero che l'Universo è stato creato per l'uomo, anche l'impulso cosiddetto "diabolico" ne fa parte, sebbene sia collocato al limite "basso" della scala creativa.

Di conseguenza, abituiamoci a vivere il male, i "fallimenti", le tristezze, i disagi come una parte di noi che possiamo contemplare come se si trattasse di materia plasmabile: così facendo, ci convertiamo da soli e ci spostiamo in un "cielo" più elevato, più vicino alla coscienza e siamo meno inclini a cercare di adeguarci a modelli prestabiliti.

Io spesso mi sento inadeguata, alle situazioni, alle aspettative altrui...

Bisogna assolutamente uscire dal sentimento di inadeguatezza, dobbiamo farlo ogni volta che si affaccia. Tutte le volte che ci troviamo a provare un disagio di qualsiasi tipo, l'operazione mentale che dobbiamo fare è questa: isolarlo. E dire: "Il disagio c'è, mi fa male, però non lo amplifico come faccio normalmente, non lo lego ai disagi che ho già provato nella mia storia".

Mi sono accorta che il dolore effettivo, così come il senso di inadeguatezza, dura poco se non lo si carica.

Sì, se ci arriva un disagio, lo sentiamo, soffriamo un istante, poi ci vediamo nel presente e cerchiamo di dilatarlo. Dilatandosi il presente, il disagio si dovrebbe allontanare. Quando riuscivi a stare nell'istante, cosa succedeva esattamente?

Non mi ponevo problemi ulteriori, avevo vissuto un disagio, ma poi basta, finiva, senza ingigantire e tormentarmi come facevo prima. Fino a una settimana fa ero lì a pensare: e se avessi detto, e se avessi fatto diversamente? Queste cose non sono successe e rimuginare non serve a niente.

Bene. Vedi che non è poi così difficile?

Provando a usare questa tecnica mi sono resa conto di quante volte al giorno succeda che mi disistimi.

Tu normalmente non ti accorgi di quante volte ti disistimi. Io vedo che in tutti noi sono sempre presenti le stesse reazioni. Noi non siamo più abituati a osservare. Così non ci accorgiamo che viviamo molto male la nostra esistenza perché in gran parte ci orientiamo sul passato o sul futuro. Ogni disagio che ci capita viene subito paragonato a un altro disagio del passato...

È importante notare questa cosa: noi molte volte in un giorno ci colpevolizziamo, ci accusiamo, attacchiamo, puniamo, pensiamo al passato, colleghiamo un episodio a tutti quelli precedenti... Insomma, trasformiamo un sentimento di inadeguatezza in una sconfitta di proporzioni più ampie, e questa operazione la facciamo martellandoci. Oppure progettiamo investendo solo sul futuro, non più sul presente: sarò felice *se* avrò la macchina, sarò felice *se* questa cosa mi andrà bene. Che questa cosa ci vada bene o meno noi non dobbiamo sentirci in discussione!

Dunque, che cosa si può fare perché la nostra vita ritrovi quel significato, quel "senso nascosto", quella pienezza che sembra essere di pertinenza del Sé e non del nostro Io? Che cosa si può fare, se l'Io è comunque il centro della nostra relazione con il mondo del reale e degli altri? Non influiscono forse su di noi i giudizi che ci esprimono addosso? Come si può mettere sullo sfondo l'educazione che così pesantemente ha influito nel determinare la stima che abbiamo di noi stessi? Se nel Sé tutto è unito, nell'Io tutto ci sembra spezzettato.

A me il mio lavoro non piace, tutti i giorni mi dico che devo cambiare lavoro, che avrei dovuto fare il grafico pubblicitario e non il commesso in un negozio di abbigliamento. Mi sento sempre fuori luogo, inadeguato, quando arriva un cliente. Poi faccio degli sforzi e alla fine riesco a tirare la fine della giornata. Lei potrebbe dirmi: perché non cambia lavoro, perché non cerca qualcosa di più adatto alle sue aspirazioni? Potrei risponderle che è un momento di crisi, che ho paura di lasciare il certo per l'incerto. Ma non è vero: è che la mia mente è più forte di me. Mi vengono in mente le parole che mi diceva mio padre: "Guai a fare salti nel buio". Così, ogni giorno, mi dico che la mia vita deve cambiare e invece rimane tutto identico.

Anche in queste parole ci ritroviamo, le capiamo, le sentiamo nostre. Quante volte il nostro lavoro ci è sembrato vuoto, ripetitivo, e inadatto a noi? "Ah, maledetti figli del tramonto dell'Occidente" ci dice il vecchio di una tribù che vive ai margini della foresta. "Non sapete più che cosa sia il piacere della vita. Spezzettate tutto e alla fine non sapete più nemmeno che cosa volete, non vi ricordate chi siete, da dove venite e dove andate. Scambiate la 'causa perenne' che è in noi con l'involucro passeggero. La felicità non viene dalla testa, men che mai dalla testa che ragiona. Vi riempite di cose, di scopi, di hobby, come dite voi, per riempire il vuoto che avete dentro. Siete sempre fuori da voi stessi. Come fai a essere contento se esci da te stesso? Per forza i bianchi si sentono inadeguati." Come si combatte il sentimento di inadeguatezza? Come si distinguono i falsi scopi da quelli più centrati sulla nostra essenza?

Be', per esempio, io mi chiedo: "Come posso essere contento?". Aspetto una promozione che non arriva da tre anni. Si ha un bel dire che magari questo è un falso scopo della mia esistenza. Però io ci penso, la promozione non arriva, viene data a un altro e io mi sento crollare il mondo addosso. Ancora una volta è il nostro Io a parlare, non il nostro Sé. È evidente che il nostro Io si àncora, per la struttura stessa della sua identità, al reale e all'esterno. Non può pensare che la felicità possa venire dal sogno o dalle immagini. Non pensa alla felicità e all'adeguatezza se non come lo stato che scaturisce dalla realizzazione di progetti, di obiettivi. Dunque credo che la via per l'autodeterminazione non è e non può essere una fuga esasperata dall'Io e dal reale e neppure può essere la realizzazione di obiettivi vuoti e fini a se stessi.

In questo senso mi piace il pensiero che fa suo l'alchimista; per lui la saggezza si basa su due capisaldi: la capacità di autotrasformazione e la capacità di guardare istante per istante noi stessi e il mondo che abitiamo. L'alchimia ha una caratteristica che la rende unica: mette l'uomo al centro dell'Universo e soprattutto cerca nel suo programma presente, in modo simile in culture del tutto differenti fin dagli albori dell'uomo, di porre l'attenzione sulla trasformazione della materia in coscienza. L'alchimia è la via della conoscenza attraverso l'incontro con il reale, non la fuga o la rinuncia.

Perché ci interessa la riflessione sull'alchimia? Perché vorrei prenderla come "esempio arcaico" di un modello di approccio al reale, in cui l'individuo ha sempre presente la "scia infinita" cui alludevo. Se il programma scritto nel cuore dell'alchimista è quello della metamorfosi cosciente (dalla pietra all'oro, dalla materia alla luce) egli sa che ogni oggetto nel mondo, ogni gesto che lo riguardi non è "ristretto" alle vicissitudini dello spazio in cui è collocato. Egli sa che ogni cosa, come anche se stesso, appartiene al divenire del cosmo e tratta tutto come se ogni momento dell'Universo fosse una porta aperta verso la totalità. Si rivolge al Tutto in ogni sua azione e con il Tutto intrattiene un rapporto di vicendevole scambio. In ogni azione vede la presenza di una "scia infinita".

Un vecchio africano, il saggio di un'antica tribù, ci dice: "Non c'è niente da cambiare. Nessuno di noi deve migliorare. Non si tratta di fare una vita diversa da quella che si fa normalmente. Ma per un istante prova a pensare che, qualsiasi cosa fai, il Signore del Mondo è lì presente". Se il Sé è presente, solo che la coscienza voglia vederlo, allora tutto non è più inutile, vuoto e senza senso.

4

Abbandonare i sensi di colpa

Sono un'insegnante di scuola materna: stamattina avevo un problema con i bambini della mia classe che urlavano, da sola non ce la facevo, ho dovuto sforzarmi tantissimo e... sono uscita dal lavoro con un'immagine brutta di me. Mi dicevo: "Sono un'insegnante che non ha pazienza". Così mi sono ritrovata con questa sensazione negativa addosso, perché avrei voluto essere diversa, invece mi esasperano e... non resisto. Esce una parte di me che non mi piace, con grossi sensi di colpa dopo, perché ho prevaricato i bambini. Non mi va di perdere la pazienza così... non è bello. Esco dal lavoro e ci penso per ore. Mi sento in colpa e mi dico che dovrei cambiare lavoro.

Io invece non mi piaccio con i miei figli. Mi dico che sono una mamma non all'altezza, inadeguata, faccio uno sforzo per essere dolce, affabile, serena. Poi loro si agitano e io divento nervosa, urlo e li sgrido. Dopo mi dico che non dovevo fare così. Ho i sensi di colpa per un sacco di tempo.

Provo a riassumere con altre parole questi, che sono pensieri e sensazioni molto comuni. Nel vostro messaggio c'è: avrei voluto in entrambi i casi essere diversa. Allora, cosa si può fare in questi casi? Io credo che questi racconti siano assimilabili alla vita di tutti noi. Mi diceva una ragazza un po' di tempo fa: "Io mi disistimo abitualmente; un giorno è venuta una handicappata vicino a me e... poi ho guardato bene e mi sono accorta che non era molto handicappata, aveva solamente dei grossi problemi alla vista. Anch'io non ci vedo tanto bene e ho pensato che lei fosse venuta da me, per dirmi: 'L'accompagno ad attraversare la strada', mentre in realtà lei era venuta da me per chiedermi se io potevo farle attraversare la strada". È interessante perché è una premessa forte. Quella viene per chiedere: "Mi scusi, non ci vedo, mi fa attraversare la strada?" invece il messaggio che questa donna vive è: "Questa viene da me, probabilmente, si accorge che non vedo bene e mi vuole fare attraversare la strada". È una cosa un po' diversa ma che, se ci pensate, ha un collegamento con quanto emerso nelle domande precedenti. In loro c'è il "io vorrei essere diversa". Lei aggiunge: "Io faccio uno sforzo per essere una brava insegnante". Mi sforzo di essere un modello, la parola autostima si avvicina alla parola modello e invece non dev'essere così: io posso rompere il modello che mi do, della mamma di un certo tipo, per esempio, dell'insegnante di un certo tipo. Si rompe questo modello, perdo la pazienza, e a quel punto incomincio a dirmi: "Ma perché sono così, ma guarda come sei, guarda che razza di persona sei, se cambiassi lavoro sarebbe meglio, sei la peggiore insegnante del mondo, sei la peggiore madre del mondo...". Questi ragionamenti, bene o male, credo che tutti più o meno nella nostra vita, in un modo o nell'altro, li abbiamo fatti.

Posso citare anche l'esempio di una signora. Mi dice: "Dottore, io se c'è una persona che non sopporto è mio marito, sì, mio marito è la persona peggiore che io possa avere incontrato nella vita e infatti abbiamo divorziato. Lui è tutto quello che io rifiuto in un uomo. Me lo dico tutti i giorni, poi questo deficiente una volta al mese mi telefona, mi invita a cena, io ci vado, mi dico per tutta la cena che non ci devo andare a letto, e invece alla fine ci vado, torno a casa e comincio a martellarmi: 'Come può una donna come me stare con un uomo simile, che poi non sopporto? Mi piacesse almeno, ma nemmeno quello, mi piace fisicamente in quell'ora che stiamo insieme'. Dopo comincio a insultarmi, a colpevolizzarmi, la cosa va avanti per cui mi rovina i giorni successivi: tre, quattro, cinque, sette giorni, finché la rabbia e il senso di colpa sfumano mentre ci avviciniamo al mese e quando questo mi telefona io dico di sì senza nessuna resistenza".

Per migliorare la mia autostima, io provo a recuperare delle cose positive, e cioè cerco di fare un calcolo, anche molto pratico: questa cosa è andata, quest'altra pure... Racimolo tutte le cose che possono avere un senso positivo, per caricarmi in qualche modo.

Sono sforzi?

Sì, non è così facile. Si pensa sempre a fare qualcosa per cambiare, forse sarebbe meglio invece non fare niente. L'altra mattina ho incontrato il mio ex. Ci ho rimuginato per ore e ore: collegavo la fine del nostro rapporto ad altre cose legate alla mia famiglia. Pensavo a mio padre: me lo aveva detto che la mia relazione sarebbe naufragata... Ci ho sofferto per quasi tutta la giornata.

Noi tendiamo a fare un'operazione che è questa: ricollegare l'infelicità a tutte le altre situazioni infelici della vita. Diceva un mio paziente: "Io non mi stimo, non mi piaccio, anche mia madre me lo diceva, mi viene in mente mio padre, la mia vita è sbagliata, tutto il lavoro che ho scelto, che ho fatto, è sbagliato!". Insomma, spesso facciamo una serie di operazioni mentali e di ragionamenti che sono fuori dall'evento che sta accadendo.

Sono sinceramente negativa di carattere. Tutto quello che faccio non mi piace: il novanta per cento delle persone che frequento non mi piacciono, il mio moroso non mi piace. Tutte le sere mi dico: questa sera è l'ultima, poi arriva col sorriso e io... nulla. Anche i lavori che faccio non mi piacciono, quando li faccio.

Ha detto una cosa importante: "Il mio moroso non mi piace". E stava dicendo una frase che poi ha interrotto, cioè che tutte le sere vorrebbe dirgli: "Chiudiamo", poi lui arriva con un sorriso e rimangono insieme. Questo fino al giorno dopo, perché lei ci prova tutte le sere, più o meno. Durante la giornata ci pensa e si dice: "Questo lo mollo, questo lo mollo, stasera glielo dico, sì glielo dico". Poi lui arriva, sorride... e tutto si blocca. La decisione viene rimandata al giorno successivo e di nuovo il tormento ricomincia. Dopo ci sarà la colpevolizzazione di non averlo mai fatto, giusto?

Sì, ma tante volte penso che poi sia anche colpa mia, non colpa mia che non l'ho lasciato, sia colpa mia perché magari dovrei accontentarmi, perché magari ho dei parametri tutti miei, credo di essere nel giusto e invece non lo sono, e così con tutte le cose. Prendiamo il lavoro: qualsiasi cosa faccio non mi piace, ma lo faccio perché quello che mi piace non mi riesce mai, mai, mai! Anche sul lavoro mi piacerebbe raggiungere un determinato scopo. Mi sarebbe piaciuto rimettermi a studiare perché per

problemi economici ho dovuto lasciare presto, ma quando lo dico a casa mi ripetono: "Ma dove vuoi andare? Cosa vuoi fare? Tanto non arriverai mai, tanto non farai mai, tanto non sarai, tanto non...".

Oppure molte volte nelle serate con gli amici non mi piaccio. Torno a casa e mi colpevolizzo per non essere stata come avrei voluto. Mi capita di non comportarmi come vorrei, di pensarci in seguito e di arrabbiarmi; poi cerco qualche scusante al mio comportamento e mi sento sempre più in colpa perché so che è, appunto, una scusa.

Faccio una premessa sulla quale costruiremo poi tutto il nostro discorso. Quante volte siamo stati in un posto controvoglia, avremmo voluto essere diversi, avremmo voluto non arrabbiarci? Poi ci è venuto di perdere la pazienza, magari abbiamo urlato. "Oddio cos'ho fatto!" "Chissà se sarò piaciuto lo stesso?" "Non mi ameranno più? Non mi vorranno più?" "Ma guarda che pirla sono stato! Ma perché sbaglio sempre..." Oppure: "Vorrei fare quello che mi piace, mi sforzo ma non ci riesco, tanto non riuscirò mai, tanto me lo dice anche mia madre", tanto, tanto, tanto... Noi passiamo il novanta per cento della nostra vita a star male perché facciamo un'operazione distorta di questo tipo: o stiamo nel passato o stiamo nel futuro: crediamo che il nostro progetto di felicità passi per qualcosa di tangibile che dovremo raggiungere.

Ognuno di noi è attento a seguire il modello che

gli dice come dovrebbe essere. In questa chiave più o meno nessuno di noi è felice, perché il nostro progetto di felicità è fuori tempo: saremo felici quando? Quando saremo quel modello, oppure? C'è l'altra possibilità, che è quella di orientarsi nel passato, nei ricordi: com'era bello quando, com'era brutto quando, come ho sbagliato quando... dimenticando che la nostra vita si svolge nel presente e allora lì possiamo incominciare a fare qualcosa. Immaginiamo che c'è solo il presente, che c'è solo questo istante e non n'esistono altri. L'autostima comincia adesso, in questo istante, non in quello che verrà. *Questo*: in questo istante non c'è nient'altro che tu. Allora quando tu dici: "Ho urlato coi bambini", hai fatto un'operazione del passato, anche se si riferisce a un secondo prima. Lo stesso discorso vale per lei che diceva: "Non mi piaccio come insegnante quando esco da scuola". Benissimo, ma adesso comincio a piacermi. E abbandono i sensi di colpa che si riferiscono al passato, un tempo che nel presente non ci appartiene più. Noi non possiamo fare niente per fermare il passato, non possiamo fare niente per programmare il futuro. Quello che posso fare è stare nell'istante.

5

Sfuggire all'autodefinizione e ai modelli

Spesso diciamo: "Io sono così", per esempio sono un tipo troppo buono o ansioso o pauroso oppure ho un brutto carattere. Chi è che definisce? Il nostro Io, ma non abbiamo più volte detto che il nostro Sé è un centro di opposti?

Noi non siamo mai una sola cosa. Questo è ciò che appare alla nostra mente razionale. Tu non sai che cosa sei. Se smetti di autodefinirti, allora puoi via via conoscerti. Nessuno di noi è ciò che appare a se stesso e agli altri. Il Tao è il senza nome, così il Sé. Smettiamo di cercare a tutti i costi le certezze. Queste ultime rassicurano solo superficialmente.

Non ci dobbiamo spaventare se un bel giorno, guardandoci allo specchio, proviamo il desiderio di un nuovo Io. La scoperta del nostro lato segreto, il riconoscimento del personaggio nascosto che ci abita è una necessità del tutto naturale, una voce che nasce dal profondo: la voce creativa della contraddittorietà. Spesso è proprio questa strana e inspiegabile spinta a "mutare d'abito" che ci indica la strada dell'autocambiamento: e noi non dobbiamo aver timore di ascoltare questo richiamo.

Per giocare a essere un nuovo personaggio ci possiamo aiutare prima di tutto con un travestimento, un trucco, una maschera. In latino la maschera era definita con una parola significativa: persona. Così anche noi, indossando una maschera, possiamo entrare dentro una nuova "persona".

Ma attenzione: esistono diversi tipi di maschere. Le maschere imposte dai doveri familiari, affettivi, sociali, professionali, religiosi... In questo primo caso, si tratta di maschere che il più delle volte siamo costretti a indossare sotto la spinta del dovere più che della spontaneità e della volontà. Queste sono le maschere che, col tempo, possono diventare pesanti oppure strette e oppressive; sono gravose armature che ci tolgono il respiro.

Ci sono poi altre maschere, con funzione terapeutica, che diventano lo strumento per sperimentare con allegria e leggerezza un nuovo personaggio. Sono le maschere della flessibilità, gli abiti nuovi che ci aiutano a diventare attori di una rappresentazione che non è quella a cui, spesso nostro malgrado, partecipiamo ogni giorno.

Ripetiamo insieme: "Io non sono quello". Riponiamo i vecchi abiti in un baule e usciamo allo scoperto, mettiamoci in gioco, cambiamo direzione: la novità è come un bicchiere colmo d'acqua fresca che ci viene donato gratuitamente per dissetarci.

Perché si può – ed entro certi limiti, si deve – giocare con le maschere. Infatti la maschera, quando siamo noi a sceglierla, diventa la via per vivere le infinite modalità dell'essere che galleggiano dentro l'Universo. E l'Universo siamo noi.

Tutti dobbiamo essere consci di essere parte del grande cervello del mondo, e ogni volta che manifestiamo noi stessi (la nostra corporeità, il nostro modo di muoverci, di amare, di mangiare, di vestirci...) in realtà manifestiamo la coscienza universale. Non a caso il nostro corpo è lo spazio più perfetto per accogliere l'evoluzione dell'Universo nella sua massima espressione, cioè l'uomo, che come tale è il tempio del divino. Il nostro cervello è dunque uno spazio infinito e pulsante che erroneamente tendiamo a limitare e a comprimere con i nostri schemi mentali e con i nostri stereotipi di comportamento.

Il nostro vero impegno, contrariamente a quel che si crede o che ci fanno credere, non è tanto quello di "assomigliare a", di "piacere a", ma di essere come il bruco che partorisce la farfalla. È in questo processo di trasmutazione della coscienza che l'autostima si materializza. E la maschera è lo strumento che ci permette di far vivere, parlare, amare gli altri personaggi che abbiamo dentro di noi, dei quali a volte nemmeno sospettiamo l'esistenza e ai quali troppo spesso impediamo di manifestarsi.

È già in questa fase, nel percorso di progressiva dissoluzione dei modelli di comportamento verso la scoperta di altri volti di noi stessi, che diventiamo autoterapeuti: uccidendo gli schemi mentali, infatti, riprendiamo a vivere. E diventiamo simili ai guerrieri che si liberano di una pesante corazza di metallo che, se da una parte sembra protettiva, dall'altra riduce le possibilità di movimento.

Ascoltiamo questo aneddoto per capire quanto sia falso credere di poter vivere un'unica esistenza. Il saggio indiano Sri Nisargadatta Maharaj da ragazzino faceva di mestiere l'arrotolatore di sigarette a Nuova Delhi. Un giorno per strada vede un gruppo di persone radunate attorno a un guru, si avvicina e chiede di poter ascoltare insieme agli altri le parole del maestro. Il guru si accorge di lui e lo guarda. Maharaj dentro di sé pensa: "Maestro, non so se posso stare qui al tuo cospetto. Sono solo un modesto arrotolatore di sigarette...". Il guru, senza che l'altro dica nemmeno una parola, gli risponde ad alta voce: "Sciocco, tu non sei quello!".

È vero. Nessuno di noi è sempre e solo "quello". Noi non siamo quello, e possiamo veramente essere "uno, nessuno, centomila", indossando una collezione infinita di maschere terapeutiche come nella commedia di Luigi Pirandello. Basta volerlo. Siamo soltanto noi che possiamo convincerci che lo straniamento, l'uscire cioè da un ruolo preformato, dalla solita e unica maschera sotto la quale ci muoviamo quotidianamente, è il primo passo fondamentale per imboccare la strada del cambiamento.

Io sono, di mio, abbastanza ansiosa e contraddittoria...

Ecco, una cosa che *non* si deve fare è definirsi. Allora, sfuggiamo le autodefinizioni. "Io sono abbastanza ansiosa." No! Tu non sai cosa sei.

Io... in questo momento mi sento ansiosa. Non posso dire che lo sarò domani, ma mi sento ansiosa in questo momento.

Tu adesso hai detto: "Io mi sento ansiosa", questo è differente e lo accetto; prima invece hai detto: "Sono un tipo abbastanza ansioso...".

Sì, sono cinque mesi praticamente che sono così. Pensavo di iniziare a prendere degli psicofarmaci.

Tutte le volte che ci autodefiniamo, ci chiudiamo in un angolo. Se siamo ansiosi, dobbiamo incominciare a non vedere l'ansia come più forte di noi, perché l'ansia non è più forte di noi. Tutte le emozioni che noi abbiamo, ansia compresa, sono fenomeni vitali. Dobbiamo pensare che l'ansia è un fenomeno vitale, come se ci fosse della vita che in modo concitato viene fuori: questo è ciò che accade quando noi soffriamo di ansia. In qualche modo la nostra mente è troppo rigida e non ci permette di esprimere tutta quella potenza affettiva ed emotiva che abbiamo dentro. Io sono contrarissimo all'uso di psicofarmaci. Oggi in Italia ci sono quattro milioni di persone che abitualmente si curano in questo modo. Perché lo psicofarmaco mi trova contrario? Non per una scelta ideologica particolare, ma perché, di fatto, l'uso dello psicofarmaco impedisce di constatare il processo. Noi siamo abituati a dire: "C'è l'ansia, la devo eliminare!", ma cominciamo a pensare che l'ansia sia una parte di noi che parla (ma solo una parte di noi, momentanea, che non ci definisce) e che noi, invece, vogliamo chiudere in una gabbia troppo stretta. Questa è l'ansia, è vita che cerca di venire fuori e che noi vogliamo chiudere nella nostra razionalità perché vogliamo controllare le emozioni. Ciò che amplifica l'ansia è l'ipercontrollo, non è l'ansia in sé.

E la depressione? Io è un anno e mezzo che sono in cura per depressione. Ho sempre cercato di fare tutto bene, di rispondere al modello a cui altri si aspettavano rispondessi... mia madre, mio marito, i miei colleghi...

Se viviamo una interiorità limitata, o ridotta a un modello preformato, limitiamo anche il nostro Io. E un Io "costretto", alla lunga, scivola nella depressione. Di qui si comprende facilmente che il disagio depressivo, in realtà, non è un evento esterno che ci assale inspiegabilmente "da di fuori": è un campanello d'allarme interiore che ci segnala che noi non stiamo sfruttando in modo pieno le nostre potenzialità e che, di conseguenza, ci stiamo spegnendo.

Vi faccio un esempio: Andrea ha un importante incarico in banca. Il suo problema sono gli attacchi d'ansia, che si ostina a voler scacciare. Quando invece è libero dall'ansia, Andrea vive comunque nel timore che l'attacco si ripresenti. E vive male. Se invece comprendesse che l'ansia è una sconosciuta, un'entità non manipolabile, la lascerebbe arrivare, agire e scomparire, come tutte le cose della vita, evitando lo sforzo di allontanarla.

L'ansia, di per sé, è una forza neutra che spazza via le scorie di quello che siamo e che conosciamo fin troppo bene. E ci aiuta a liberarci dai modelli che abbiamo costruito sopra noi stessi.

Solo in questo modo, e cioè lasciando agire l'ansia, Andrea impara a uscire dal cliché di "uomo ansioso", che gli pesa addosso come se fosse un'armatura.

In quest'ottica, si rompe il velo delle paure: i disagi ci arrivano per farci tornare a esistere, a vivere, per farci ritrovare la nostra essenza, la nostra vera natura che molto spesso differisce dalla definizione che noi stessi le diamo o che lasciamo gli altri le diano. E anche la depressione, come gli altri nostri malesseri, non è un "male" che si abbatte su di noi dal mondo esterno: è un segnale forte, inviato dal nostro cervello, per farci soffrire e farci capire che dobbiamo cercare di dissolvere tutte le sovrastrutture che non ci fanno stare bene. In questo senso possiamo dunque affermare che la depressione è un evento che ci "azzera" e ci costringe a rivedere noi stessi: è una sferzata costruttiva, non va mandata indietro con i farmaci, ma va lasciata agire.

Impariamo dunque ad ascoltare la depressione, consentiamole di farci piangere affinché le lacrime possano sciogliere la gabbia rigida e grigia che ci siamo costruiti attorno. Comprendiamo che la nostra vita non è solo quello che desideriamo per noi: la vita è un flusso universale di cui anche noi facciamo parte e che non possiamo determinare. La vita non ci appartiene: è qualcosa che a ogni istante crea il nostro corpo. Se invece crediamo che la vita sia fatta di modelli che ci autoimponiamo, finiremo per diventare creature "condizionate" e dunque spente, tristi, non originali.

6

Non lamentarsi e rifuggire dagli sforzi vani

Ci guardiamo intorno ed è difficile trovare persone sorridenti. A parte i bambini, abbiamo l'impressione che il mondo di oggi sia popolato da persone tristi. Ma al di là dei segnali visibili ed esteriori (un viso rilassato, il sorriso, un'andatura morbida e naturale, una forte stretta di mano...), come si fa a comprendere quando una persona è veramente felice?

La persona felice è quella che, quando ti incontra, non si mette a parlare di sé e della sua vita, quella che non inizia a lamentarsi.

"Chi non vede che sé, non ha luce" dice il grande saggio cinese Lao Tze. Quante volte ci siamo trovati ad ascoltare amici e conoscenti che passano l'esistenza a lamentarsi, persone per le quali il piagnisteo finisce col diventare uno stile di vita, a volte addirittura un tratto tipico della personalità? Ascoltiamo questo frammento di conversazione, di là, nell'altra stanza: "Vorrei liberarmi delle paure o dello stress una volta per tutte!". Ma anche: "Vorrei che si sciogliessero le mie preoccupazioni e iniziare a stare bene una volta per tutte". Ma attenzione: quel loro dire "una volta per tutte" è una formula tassativa, senza speranza. Dire che si desidera qualcosa "una volta per tutte" significa porre un limite alla libertà di vita, creare un ostacolo al flusso della Grande Realtà al quale anche noi apparteniamo.

L'idea di mettere un limite alla manifestazione del mondo noi la applichiamo soprattutto al male, ai cosiddetti "desideri malvagi", ai disagi, alla malattia: perché anche queste sono forze umane che devono essere lasciate libere di esprimersi, senza alcuna remora di tipo etico o religioso. Come scriveva il saggio Avicenna: "Le malattie fisiche possono essere curate con la pura volontà spirituale, proprio come le persone sane possono ammalarsi per pura immaginazione".

Noi infatti siamo un cocktail complesso di forze misteriose, cui appartengono anche le energie cosiddette "negative" (come il peccato): se l'energia negativa si rimuove o si rigetta indietro, essa sarà destinata a ripresentarsi e a bussare alla porta della coscienza in maniera sempre più insistente. Viceversa, occorre comprendere che anche la forza "negativa" che entra in contatto con la nostra coscienza è comunque un qualcosa che nasce dentro l'Universo e allarga il nostro angolo visuale. È una spinta che esiste per essere identificata e conosciuta con tutta la sua vivificante carica energetica.

Cosa possiamo fare per cancellare le cose fuori tempo? Fateci caso, nella nostra comunicazione con i nostri amici cosa diciamo? Cosa facciamo? Cosa chiediamo loro, in genere?

Comprensione.

Sì, cerchiamo solidarietà. Io direi che ci sono delle cose che possiamo smettere di fare; così ci miglioriamo l'esistenza e ci portiamo nel presente. Uno: la smettiamo di dare consigli e di riceverne, due: la smettiamo di lamentarci e di ascoltare le lamentele degli altri.

Se si lamentano gli altri con noi e non ascoltiamo i loro sfoghi non si rovina l'amicizia?

No! In nome di che cosa devo ascoltare i tuoi lamenti? E a te serve che io ascolti i tuoi lamenti? E a me serve lamentarmi? Il lamento è un'operazione fuori tempo. Si formano dei canali di comunicazione, come se ci fosse un territorio che occupiamo con gli amici: allora, da qui a qui non gli dico cosa penso di lui, se no si può offendere, lui ovviamente fa lo stesso con me. Quindi, rimane un canale di comunicazione dove io mi lamento, lui mi ascolta, lui si lamenta, io l'ascolto. Dopo il lamento, scatta la

fase del consiglio, ma che consigli gli diamo? Quelli che lui vuol sentire, perché altrimenti non ascolterebbe mai, come noi non ascoltiamo mai i consigli degli altri. Quando mai abbiamo ascoltato i consigli che ci hanno dato? Quando mai li abbiamo seguiti?
Però può essere anche un sano confronto: un amico ti dice quello che pensa e che è liberissimo di pensare e poi io faccio quello che ritengo più giusto.
Io credo che non sia tanto vero che la gente dice quello che pensa. Anche noi non diciamo quasi mai quello che pensiamo, per paura di ferire. Sono convinto che avremo tanto più buoni amici quanto più saremo buoni amici di noi stessi e, comunque sia, possiamo imparare a stare con gli amici, ma con noi stessi ci dobbiamo stare sempre e la partita con noi stessi è l'unica che conta.

Due giorni fa ho incontrato una signora che fa la volontaria al "telefono amico" e diceva: "A me telefonano tutti i giorni per lamentarsi! Io non ne posso più, non ne posso più!". È chiaro, tu non puoi sopportare uno che ti telefona e si lamenta, è una cosa da pazzi. Fa bene a quello lamentarsi? Io non credo. Si tratta di riprendere la coscienza delle cose che facciamo.
Anche sfogarsi allora non va bene?
Un conto è sfogarti, hai una reazione aggressiva, t'arrabbi e urli, un conto è invece accettare come fatto ineluttabile che nei nostri rapporti passiamo mol-

to tempo a parlare del nulla. A volte non parliamo mai di niente, ma questo ci può stare, non è questo il problema, non è che adesso dobbiamo migliorare la situazione. Il problema sono le operazioni fuori tempo. Perché quando ti lamenti parli di una cosa che non c'è più, quando l'altro si lamenta parla di una cosa che non c'è più, quando tu dai un consiglio, lo dai per una cosa che accadrà, quando lo ricevi, lo ricevi per una cosa che accadrà. Naturalmente questo con chi vale più di tutti? Col proprio partner.

Sì, nell'ambito delle relazioni più strette.

Questo discorso è importantissimo: a me non interessa che voi lo facciate come elemento costante, mi interessa che proviate a farlo, a cambiare l'asse delle relazioni, a diventare protagonisti delle relazioni. Molto spesso noi cosa facciamo? Imbastiamo relazioni in cui non siamo presenti a noi stessi e seguiamo una scia, lui si lamenta, io mi lamento...

Però è difficile reprimersi, mi sembra che così facendo si vada ancora di più a tappare la pentola, a chiudere, a spingere.

No, perché sono le azioni fuori tempo quelle che poi fanno dei danni. Quando puoi stare bene? Via via che acquisisci la presenza di te stesso. L'ansia, per esempio, che cos'è? È un fenomeno vitale che sfugge alla tua visione del mondo e di te stesso.

Per cui dici di farla uscire.

No, io non dico di farla uscire, perché so che è doloroso, dico: incominciamo a adoperare atteggiamenti diversi, affinché l'ansia possa dentro di me esprimersi, parlare. Facciamo un esempio: una signora mi dice: "Quando vedo quel signore mi viene un attacco di panico!". Quel signore è un amico di famiglia per il quale lei ha una specie di desiderio sotterraneo vagamente percepito. Allora l'attacco di panico rappresenta in quel momento il bisogno di bloccare un desiderio molto forte, attrattivo, nei confronti di un'altra persona. È chiaro che il suo codice non distingue tra fantasia e realtà. Per lei fantasticare un'attrazione corrisponde automaticamente ad agire, il che non è. Non è detto che le tue fantasie debbano diventare realtà. Fatto sta che questa signora blocca una parte della sua personalità. Che si tramuta in ansia. In altre persone l'ansia rappresenta altri spazi vitali inespressi, per esempio l'aggressività.

Ci sono persone che temono molto la loro aggressività, quindi non la esprimono, ed esce l'ansia. Certamente è un mondo che parla. Spesso se esce liberamente, poi smette di parlare e quindi di agire. Quello che voglio dire è che tu, senza soffrire più di tanto, puoi recuperare un rapporto attraverso la presenza con te stesso, perché non lamentandoti, non dando consigli, puoi incominciare a essere presente nelle cose che fai, un presente cosciente in cui la coscienza esce dai luoghi comuni e si afferma.

I vecchi alchimisti dicevano che bisogna portare

la coscienza nel vuoto, fuori dalle comuni convinzioni, perché il Tutto possa affacciarsi liberamente al nostro Io.

Certo che se io con i miei amici non do consigli, non mi lamento, non ascolto lamentele, non ricevo consigli, la comunicazione finisce.

Non è vero, la comunicazione cambia.

Non capisco, dobbiamo diventare protagonisti della relazione?

Io cerco nell'azione di essere presente a me stesso. Di non essere succube della relazione. Qualsiasi relazione sia, la voglio guardare, la voglio vedere. Noi ci lamentiamo, ok, però dobbiamo riconoscere cosa sta accadendo altrimenti recitiamo un ruolo in cui siamo obbligati ad ascoltare i lamenti altrui anche se non ne abbiamo voglia e così facendo accumuliamo un disagio. Quante volte mettiamo giù il telefono, dopo una telefonata di quaranta minuti con un amico o una amica, e non siamo contenti? Perché non siamo contenti? Perché non eravamo in campo, eravamo fuori campo. Abbiamo fatto cose, tutto sommato, che non ci realizzavano.

In fondo un rapporto affettivo, così come un rapporto di amicizia, che cosa ci deve dare? *Piacere*. Io e te stiamo bene per il piacere di stare insieme, non è tanto per le cose che ci diciamo o perché la pensiamo allo stesso modo o perché ci lamentiamo o perché ci consigliamo. Allora il consiglio che emerge, in una relazione d'amore o d'amicizia basata sul piacere di stare assieme, è un consiglio veramente spassionato e se mi lamento lo faccio perché c'è un dolore forte, che emerge, e allora ti faccio compartecipe del mio dolore, se no rischiamo di porci alla periferia di ogni rapporto.

Io mi lamento spesso con mio marito perché sta poco con le figlie. Poi alla fine smetto di lamentarmi, ma lui continua a fare i suoi comodi e chi ci rimette comunque sono io.

Tu pensi che lamentandoti lui starà di più con le figlie?

No, perché è un sacco di anni che mi lamento, ma con le figlie non ci sta... Cosa devo fare, lamentarmi o far finta di niente?

Io sono contrarissimo agli sforzi vani, perché gli sforzi vani ci frustrano. Non facciamo sforzi che non vadano diretti al fine. Ci siamo? Se voglio dimagrire, dimagrisco: questo deve essere ben chiaro, non inizio una dieta per abbandonarla dopo un giorno. Se mi sento di fare qualcosa lo faccio, altrimenti no. Quando incomincio? Nel presente, subito! Tu vuoi smettere di fumare? Comincia subito. Idem i lamenti. Se li faccio, ottengo dei risultati? No, perciò non mi lamento più, perché non mi serve.

Questo porta ad amplificare l'attenzione su noi stessi. A diventare noi protagonisti delle cose, protagonisti della relazione. Se ci lamentiamo non siamo protagonisti, occorre diffidare delle persone che si lamentano continuamente. Vuol dire che non vogliono entrare in rapporto con gli altri. Spesso si pensa che la psicoterapia sia il luogo privilegiato del lamento: uno viene ti racconta i fatti suoi e tu che ascolti dovresti essere contento.

È vero, uno dice: "Vado in psicoterapia, pago, adesso gli racconto tutti i fatti miei, gli faccio l'elenco di tutte le mie disgrazie".

Io chiarisco subito che non sono lì per ascoltare i suoi lamenti, non è il mio compito, e a chi viene non serve. È come il segreto... i segreti non si dicono. Anche all'interno della psicoterapia c'è sempre l'idea che uno debba raccontare la cosa più segreta di lui, quella che non ha mai raccontato. Quando qualcuno mi dice: "Dottore, vorrei dirle una cosa che non ho mai detto a nessuno" in genere lo fermo: "Non me la dica". Glielo chiedo: "È sicuro? È proprio sicuro di volermela raccontare? Perché se non la porta fuori di sé, ad esempio parlandone, forse può incominciare a trattarla come una cosa sua". Se ti racconto una cosa mia, veramente mia, è come se me ne liberassi, la buttassi via... Ma la cosa è tua, puoi stare bene anche con un segreto disagevole, perché è parte di te, non puoi buttarlo via.

Una cosa che consiglio di fare è quella di scrivere ciò che vi crea un disagio. Lo scrivete, poi scegliete un cofanetto molto carino e lo mettete dentro, lo chiudete e nascondete; e ogni tanto, se volete, potete rileggerlo. Vi insegna a stare con le vostre cose, a non buttarle via. Ecco perché il lamento è negativo, perché il lamento porta a distanziarci da noi stessi.

Si tratta di non diventare vittima delle cose che facciamo. È vero, le cose inutili ci fanno più male di quello che può sembrare a prima vista.

Sì, lamentandoti molto non ottieni niente e soprattutto vai fuori tempo e non stai con te stesso. Allora incominci a mettere sullo sfondo i lamenti, i consigli, le azioni vane. Via via cosa succede? Non fai più sforzi vani, avrai sempre degli scontri, ma gli sforzi vani no, perché ti logorano. Se devo dire a una persona che tanto so che non lo fa: "Occupati dei figli", entro nella psicologia della sconfitta, perché tanto so che lui non lo fa.

Tanto lui le porta da sua madre.

Se ne occupa a modo suo, tu non puoi pensare di cambiarlo. Evitiamo gli sforzi vani! Lei cosa vuole da suo marito? Che faccia una cosa che non sa, che non vuole o che non può fare. Il problema non è che lei debba accettare tutto, se ha un'esigenza o un impegno per cui delle figlie non se ne può occupare, le lascerà al marito, che ovviamente poi le porterà da sua madre. Ma lei vuole che lui le curi a modo suo, che lui faccia con le figlie il padre che lei s'aspetta che sia.

Ma allora cosa le ha fatte a fare? Mi sembra assurdo che uno faccia tre figlie e non se ne occupi! Per me è assurdo.

È un enunciato di principio! Ed è fuori tempo. Tu

quello che puoi fare è star bene con te stessa, quello ti spetta come compito. Fare degli sforzi vani, pensiamoci, non cambia la situazione e ci proietta nel passato e nel rancore. Io non posso cambiare gli altri, perciò non faccio operazioni vane.

7

Liberarsi dagli attaccamenti

Ci siamo mai chiesti perché non siamo felici? La prima risposta, quella che affiora in maniera più immediata e spontanea sarà: "Sono infelice perché non sto bene nella realtà in cui vivo". E subito dopo, qualcuno aggiungerà: "Non sono felice solo perché sono sfortunato". Ma quanti tra noi avranno il coraggio di domandarsi: "Non dipende forse da me?".

Osserviamo il saggio buddhista che costruisce un *mandala*, quell'insieme di figure, simboli e disegni (in sanscrito questa parola significa "cerchio magico") che rappresentano in forma tangibile la parte più profonda della psiche; questo maestro buddhista impiega mesi, talora anche anni, per disporre in silenzio le polveri colorate all'interno di uno schema meticoloso fatto di segni emblematici.

Quando lo ha terminato, con un soffio o un gesto della mano lo distrugge. Oppure non lo protegge dal vento, che prima o poi lo dissolverà nell'aria.

Perché lo fa? Certo: per dire, simbolicamente, che nulla nella vita è permanente o immutabile. Ma anche per spiegare, a se stesso e a chi lo guarda, che non serve affezionarsi a una persona, a un oggetto, a un'opera, anche a qualcosa che abbiamo creato con tanta fatica ma che, irrimediabilmente, è destinato a scomparire.

In questo senso, non è nemmeno utile né benefico affezionarci al nostro Io, al nostro modo di essere e di agire. Così, ogni volta che si verifica la morte della "cosa", ne scaturisce la rinascita di chi l'ha creata. E la nostra infelicità inizia proprio laddove ci ostiniamo a rimanere aggrappati all'oggetto, allo schema morto che ci ostiniamo a perpetuare, a riandare dentro gli stessi e inutili pensieri e a gravare la nostra mente con carichi di significati sempre più complessi e pesanti.

Ecco: dobbiamo iniziare a pensare dolcemente alla nostra vita come se fosse un *mandala*, un disegno di polvere che ora c'è, ma tra un attimo potrebbe svanire nel nulla scomposto dal vento.

È in questa capacità di vivere in stato di perenne "transito", è in questa consapevole instabilità che risiede il segreto della felicità e dell'autostima: una mente che si "attacca" alle cose, infatti, è una mente non creativa né libera, è una mente "sovrappeso" che vive di scorie, cioè di elaborazioni cerebrali, di paure, di ripensamenti, di pensieri dominanti, di progetti sbilanciati verso il futuro o di ricordi agganciati a un tempo passato.

Niente è più intero di un cuore infranto

È una frase del Rabbi Nachman. Ed è un pensiero sul quale vale la pena soffermarsi, o meglio: ascoltiamo questa frase e lasciamoci cullare dalle parole, non intellettualizziamola. Cerchiamo di comprenderne (e non di capirne) il messaggio profondo: tutto ciò che è incompleto, instabile, precario porta in sé i germi della forza e dell'energia. Per questo, il nostro esercizio non risiede tanto nella fatica di "tenere insieme" ma nella volontà di spezzare: spezzare le abitudini, spezzare le credenze, spezzare soprattutto il tempo e le eternità.

Eppure a noi l'idea di eternità piace, ci dà sicurezza, ci fa sentire adulti e maturi: ci rassicura poter pensare di essere eterni, immortali, di avere davanti a noi un numero illimitato di anni da vivere. Ma non ci rendiamo conto che il tempo infinito è una zavorra, un peso, un impegno troppo gravoso.

Per spazzare via questa sensazione di oppressione, ecco che interviene il dolore: il dolore è un agente di rottura, è il segnale che ci indica la via dell'abbandono di ciò che è vecchio, finito, cristallizzato, morto, e ci dirige verso la rinascita. Per questo il dolore non deve essere rimandato indietro, perché si rischia di farlo diventare cronico. Neppure dev'essere "coperto" attraverso i farmaci: il dolore va contemplato alla luce della coscienza, gli si deve consentire di raccontarci il suo messaggio, di interrompere il corso vischioso delle nostre identificazioni fittizie.

Facciamo un esempio: di questi tempi molti di noi stanno temendo la recessione, hanno paura di dover far fronte a una serie di rinunce e di ristrettezze, a probabili situazioni di rinuncia del tutto nuove da maneggiare. Proviamo a guardare il "problema" dal lato opposto: il bisogno di fare a meno del superfluo, almeno per un certo periodo, probabilmente avrà anche dei risvolti positivi, ci insegnerà a vivere in maniera più leggera, rinunciando ad abitudini e a oggetti che fino a ieri ci sembravano imprescindibili.

Una situazione in cui improvvisamente siamo obbligati a fare più attenzione a come spendere il nostro tempo e il nostro denaro ci farà comprendere gradualmente che la felicità non dipende da fatti o oggetti esteriori, ma deve sgorgare da dentro di noi.

Solo in questo modo, potremo diventare simili al saggio buddhista che distrugge il *mandala* e si avvicina al centro dell'essere, dove veniamo incessantemente creati. Il resto è soltanto polvere.

Abituiamoci a vivere in uno stato di perdita e di addio. Non è una crudeltà: è solo una strada per liberarci dagli attaccamenti che zavorrano la nostra vita. Troppe volte, infatti, anche quando siamo in mezzo a una storia d'amore o a una qualunque altra situazione positiva, un riconoscimento di lavoro, un incontro, una nuova amicizia, li viviamo con la paura che presto o tardi finiranno: in questo modo, ci perdiamo quel che di positivo e di energetico la novità ci offre adesso perché siamo troppo assillati dall'incognita dal futuro o, peggio, dal timore che possano riproporsi gli schemi negativi di storie vissute nel passato.

Non pensate che gli attaccamenti (gelosia, rabbia, possesso, orgoglio, avidità...) limitino l'attività del cervello, impedendogli di liberare la sua energia creativa? Per esempio: perché ci sforziamo di adattarci? Perché facciamo finta che ci appaghi un lavoro di cui non ci importa più nulla e lo subiamo senza trovare la forza di alzare la testa e di essere felici della nostra professione? Perché viviamo l'amore come attaccamento o come abitudine e non come manifestazione di creatività libera e spontanea? Perché ci abbarbichiamo all'altro in maniera sbagliata, ci adattiamo addirittura ad assumere le mille forme (i mille mascheramenti forzati) che il timore della perdita ci impone? In questo modo, è come se noi continuassimo a ripetere a noi stessi in maniera ossessiva: "Se sarò così, lui/lei non mi lascerà mai". E tutto questo per la paura che la nostra situazione attuale possa essere mutata o in qualche modo compromessa da cambiamenti futuri.

La logica dell'adattamento è una gabbia. Certo, una gabbia che a uno sguardo superficiale può apparire anche confortevole, solida e protettiva, ma è pur sempre una prigione: chi ama adattandosi in maniera succube e unilaterale ai desideri dell'altro alla fine si rinchiude in una corazza, perde freschezza e spontaneità, chi lavora "facendosi piacere" persone e situazioni che lo comprimono, alla lunga si ingrigisce. Soprattutto, rinuncia al suo vero essere, ai suoi talenti. E, alla fine, si spegne.

Questo atteggiamento molto spesso è dipende da un eccessivo attaccamento agli "ordini" dettati dalla mente: ma la mente è soltanto il cascame di quello che noi siamo in realtà. La nostra mente – contaminata com'è da generazioni di "buoni maestri" e da modelli esteriori che collezioniamo durante tutta la nostra esistenza – diventa sovrastruttura del nostro Io, è un guscio che si sovrappone al nostro reale sentire, che per sua natura è morbido e cedevole: la mente è un involucro che ci limita e ci irrigidisce.

Se invece potessimo far fluire liberamente le forze del cervello, se gli consentissimo cioè di agire spontaneamente, senza indirizzarle a forza verso schemi a noi già noti, potremmo sperimentare l'idea autentica di felicità.

Viaggiare con un bagaglio leggero

È il giorno della partenza, e la valigia questa volta non pesa: è una piccola borsa e per la prima volta, nel prepararla, abbiamo dimenticato nell'armadio gli oggetti inutili, cioè tutto quello che già sapevamo di noi stessi. Siamo pronti a partire, e questo viaggio assomiglia a un foglio bianco, a uno schermo candido sul quale non è ancora iniziata la proiezione del film.

Oggi siamo pronti ad affrontare questa nuova giornata come se fosse la prima e l'unica della nostra vita, assolutamente liberi da tutto quello che già conosciamo. "Nella valigia ho messo il mio Io, nient'altro."

Abbandoniamoci a questo pensiero. Ma attenzione: "lasciarsi andare" al pensiero non significa abbandonarsi al fatalismo né rassegnarsi a farsi travolgere passivamente dagli eventi. L'operazione dell'abbandono implica una cosciente passività, che ci impone il distacco dagli attaccamenti. Tutte le tradizioni mistiche e filosofiche insegnano infatti che le cose a cui ci attacchiamo si fissano dentro di noi, ci fanno credere che l'esistenza è tutta lì, che la vita coincide con gli attaccamenti. Ma in questo modo perdiamo di vista la nostra libertà, la nostra intimità viene dominata, deformata e invasa dai pensieri e dalle elucubrazioni cerebrali.

Continuiamo a pensare e a ripensare agli oggetti dei nostri attaccamenti: se lui o lei ci tradiscono, se abbiamo più o meno soldi, se siamo apprezzati sul lavoro, se il nostro aspetto fisico è gradito a chi ci guarda... E la coscienza si riempie di rancori, di battaglie interiori.

Proviamo insieme l'esercizio del decollo. Abbiamo percorso il nastro d'asfalto della pista, ormai siamo in volo, l'aereo si stacca lentamente da terra e punta il muso verso le nuvole, sollevato in aria dal suo medesimo peso: a questa fase di decollo assomiglia la felicità, a questo andare in alto, a questa sensazione di estasi tipica dei sensi trasportata però sul piano della coscienza.

Il distacco dalle zavorre della mente a poco a poco si compie: ora siamo consci che non ci sono più scorie, critiche, imposizioni, gusti, credenze. E, soprattutto, non esistono un inizio e una fine di questa sensazione di benessere, perché non esistono un principio e un termine della felicità: siamo noi che, sbagliando, le attribuiamo un valore cronologico e diciamo: "In quell'occasione, tanti anni fa, in cui sono stato felice..." oppure: "Sarò felice solo il giorno in cui...". E, ancora una volta, ci poniamo dei limiti mentali dimenticando che la felicità, come l'autostima, è una scia, un flusso, un eterno presente.

Dieci consigli di saggezza

Per riassumere quanto ci siamo detti finora, e intraprendere al meglio la via dell'autostima, può essere utile attingere ad alcuni consigli di saggezza. Sono considerazioni di vari maestri, antichi e contemporanei che, come vedremo, hanno come finalità quella di ripulire la coscienza dal giogo dei pensieri dominanti, dal pesante fardello dei ricordi e dall'ansia insinuante del futuro, dagli schemi e dalle false credenze. Cerchiamo di farne dei punti di riferimento della nostra quotidianità, trasformiamoli in mantra, in suggestioni da ricordare ogni giorno: funzioneranno come fluidificanti lungo il cammino che abbiamo iniziato insieme...

Più lontano tu vai meno conosci. Senza peregrinare il saggio apprende.

Lao Tze, saggio cinese

Il grande saggio cinese indica che la conoscenza, la gioia di vivere, la felicità non dipendono dal nostro immergerci nell'esteriorità. La conoscenza è tanto più salutare quanto più ci immergiamo dolcemente dentro noi stessi. Insegnamento tanto più valido in quest'epoca, in cui corriamo da un viaggio all'altro, da un'informazione all'altra. In psicoterapia i pazienti stanno meglio quando smettono di cercare fuori di sé, cioè negli altri, la soluzione ai loro problemi.

Chi desidera non vuole: il desiderio, la paura e il pentimento uccidono la volontà.

Giuliano Kremmerz, esoterista e alchimista

Il grande alchimista indica una prerogativa fondamentale del cervello: se viene riempito di desideri, di pensieri, di paure, di sensi di colpa la sua capacità di volere e di creare scema, si riduce inesorabilmente. Anche in psicoterapia, quando un paziente smette di "cerebralizzare", cioè di pensare e ripensare alle cose che desidera, la sua volontà si afferma spontaneamente, si accorge che riesce con facilità a realizzare ciò che cercava.

Tutto quello che facciamo nella vita consiste nello scoprire quello che è già nel nostro cervello.

Michael Gazzaniga, neurofisiologo

Se diventiamo cedevoli, come dicevano i saggi taoisti, allora il nostro cervello libera le sostanze giuste, che poi vogliono dire nuove strade da seguire, nuovi percorsi. Così, in psicoterapia a volte ci si accorge che vi sono sogni antichi che possono prorompere e portare il paziente a nuovi tragitti esistenziali. Questi sogni abitavano il cervello, ma le loro immagini non venivano alla luce perché l'Io del paziente era troppo concentrato sui propri pensieri.

Ogni parola che dici cambia il mondo.

Rebbe Lubavitch, pensatore

Il grande saggio chassidico indica che "noi diventiamo le parole che diciamo a noi stessi e agli altri". Se ti lamenti, ti lamenterai sempre di più; se sei iroso, ti arrabbierai sempre di più. Le parole infatti sono vibrazioni che, entrando in noi attraverso l'orecchio, modificano la sostanza cerebrale: per questo i mistici di tutte le tradizioni stavano a lungo in silenzio, senza parlare. In psicoterapia quando il paziente parla di meno e lascia spazio ai silenzi i sintomi migliorano nettamente.

L'Occidente ha creduto alla realtà definitiva dei valori che sono solo gettoni del gioco della vita... Ha così dimenticato il Reale, l'Indistruttibile.

Schwaller de Lubicz, egittologo

Perché la nostra epoca ha così paura della morte? Perché soffriamo così tanto di ansia? Perché siamo troppo ancorati ai valori materiali, crediamo di essere solo ciò che possediamo... Alla fine crediamo che anche noi siamo solo oggetti. Occorre imparare a sentirsi "come foglie al vento": allora ci si accorge che si può danzare con la vita, che non c'è nulla di certo, che possediamo solo ciò che lasciamo andare.

In psicoterapia, quando un paziente mette sullo sfondo le cose da conquistare, conquista se stesso.

Se sei unilaterale, se guardi da una parte sola, se non vedi le tue contraddizioni, diventi come il Ciclope dell'Odissea.

Alain Bauer, antropologo

Una delle cause maggiori della sofferenza psichica è l'unilateralità, l'essere identificati in un modello, in un'idea che prende il sopravvento sulla nostra natura. Noi non siamo bianchi o neri: evitiamo le definizioni di noi stessi. Quando in psicoterapia si prende contatto con il nostro lato opposto, con il personaggio nascosto che ci abita, con l'Ombra allora incominciamo a riunire in noi gli opposti. Se diventiamo contraddittori è un buon segno, anche se in genere viene giudicato segnale di insicurezza.

L'uomo deve essere solo. Noi non siamo soli... Solo colui che è completamente solo è innocente. È questa innocenza che libera la mente dal dolore.

J. Krishnamurti, saggio indiano

Ha ragione il saggio indiano: la nostra tanto sospirata identità è in realtà il frutto di milioni di condizionamenti, di propagande, di retaggi psicologici, di imposizioni dell'educazione... Cercare la solitudine, anche stando in mezzo agli altri, è già una via di guarigione anche se ci possiamo sentire estranei a noi stessi. Non a caso i maestri di tutte le tradizioni hanno indicato questa come la Via Maestra per combattere l'ansia di vivere. Se ogni tanto ci appartiamo, il cervello trova da solo la soluzione ai nostri disagi.

Se ti liberi dai pensieri, il nuovo si rivela, l'inutile si disgrega, il dolore svanisce.

Eliphas Levi, esoterista

Il cervello è come un orto: a seconda di cosa semini partorisce un frutto o un altro. Se semini pensieri, credi che la tua realtà sia tutta nella mente, e diventi totalmente mentale. E se la depressione fosse il tentativo del tuo cervello di rinnovarti, di eliminare il personaggio vecchio, sempre uguale che sei diventato?

Ecco: la depressione è il segnale che qualcosa dentro di noi vuole vivere, e ne ha abbastanza delle spiegazioni. Se ti abbandoni alla vita, alla consapevolezza allora ti accorgi che intorno a te tutto in ogni istante è nuovo: che tu non sei sempre uguale come credi, ma sei in ogni istante nuovo. Se non stai attaccato alle tue credenze, alle tue abitudini, il tuo Sé torna a pulsare con l'Universo e ti troverai trasformato.

Gli antichi avrebbero detto: tutto è pieno di Dei.

Carl Gustav Jung, psicanalista

Si tratta di ridare un senso all'esistenza, un significato. Se viviamo concentrati sul lavoro, sugli affari, sulle finalità da raggiungere, la nostra vita diventa vuota, priva di valore, e si arrotola su se stessa in maniera sterile. La ricerca dell'infinito, della nostra appartenenza all'Universo, apre invece la porta al Sacro. È ciò che ci chiede di fare il cervello per pensare all'Eternità: perciò immaginiamo l'infinito, per poter trovare spazi fuori dal reale. Nello spazio meditativo il cervello libera sostanze terapeutiche per il corpo e per la mente. In questo senso la ricerca religiosa (non importa quale) può essere un vero e proprio strumento terapeutico.

Perdonati, perdonati, perdonati... Più e più volte.
Sheldon B. Kopp, psicanalista

Chi impara a perdonarsi, a non giudicarsi, può conoscersi e soprattutto può perdonare gli altri e diventare altruista. Chi perdona in genere vive più a lungo, si ammala di meno e guarisce più rapidamente. Quando si perdonano i genitori, i fratelli, i nemici, consapevolmente la nostra coscienza si allarga e sperimenta una calda sensazione di benessere. E noi diventiamo...

Noi diventiamo... Non domandiamocelo ora: restiamo in silenzio, chiudiamo gli occhi. E semplicemente, siamo.

La consapevolezza da sola realizza il nostro cammino.

Piccoli esercizi per migliorare l'autostima

Esercizio del silenzio, per riavvicinarci alla dimensione dell'ascolto

Nel corso della giornata regaliamoci un quarto d'ora di silenzio: ci aiuta a ripulire il cervello, a liberarlo dalle parole, dalle sovrastrutture, dagli schemi di pensiero ormai vecchi e logori, dal dolore sordo generato dall'eccesso di prevedibilità e di programmazione. E ancora: quando parliamo con qualcuno cerchiamo di concentrarci sulle parole che pronunciamo, sulla nostra voce, sul flusso di respiro che dal nostro cervello e dalla nostra bocca si indirizza verso il nostro interlocutore. E poi, in maniera speculare, facciamo attenzione anche alle parole dell'altro, al timbro della sua voce, alla "grana" del suo linguaggio. È un esercizio d'attenzione che ci isola terapeuticamente dal Grande Rumore del mondo e ci fa riscoprire il piacere delle Piccole Voci, ci accompagna sul tappeto delle parole, rilassandoci intimamente.

Esercizio dell'obbedienza e del "non giudizio"

Per diventare più cedevoli e più flessibili, e per non spezzarci davanti ai disagi e alle difficoltà, facciamo insieme l'esercizio dell'obbedienza: per un giorno imponiamoci di obbedire a tutti, rinunciando alla nostra libertà; per un giorno lasciamo da parte il nostro orgoglio, la volontà che ci fa dire: "No, questo non lo faccio"... Progressivamente, in questo stato di abbassamento delle difese e di annullamento delle forze, inizieremo a vedere noi stessi e il mondo come un *unicum* senza barriere, dove tutto è flusso e presenza fluida e ininterrotta.

L'esercizio dell'obbedienza ci prepara a un'altra piccola prova, quella del "non giudicare". Per un giorno sforziamoci di non giudicare noi stessi e gli altri e di non giudicare nemmeno i pensieri "malvagi" che possiamo avere. Il divieto di giudizio è presente anche nelle religioni perché già anticamente mistici e sacerdoti avevano compreso che il giudizio è uno schema che frena e cristallizza la nostra visione della realtà e blocca il cervello. Noi, di fatto, oggi viviamo in un perenne eccesso di giudizio: facciamo indigestione di aggettivi, quantitativi e qualificativi, ci sforziamo di incasellare tutto, di dare a ogni cosa una maschera, la stessa che spesso imponiamo anche a noi stessi. In questo modo, ci dimentichiamo di essere vivi e ci precludiamo un'ampia fetta d'esperienza che la cosiddetta "morale" esclude dal nostro raggio d'azione.

Esercizio nella contraddizione

Ognuno di noi dà delle definizioni di sé: "Io sono troppo buono, io sono troppo presuntuoso, io sono permaloso...". Perché? Perché viviamo in uno standard. Siccome in quello standard ci riconosciamo, continuiamo ripetere quel modo di essere, per comodità, ma anche perché lì costruiamo un'identità. Perché se siamo permalosi, malinconici, insicuri eccetera ci riconosciamo in quell'identità. In realtà noi non ci conosciamo, ci siamo solamente chiusi in una definizione. Quello della contraddizione è un esercizio molto semplice, che possiamo fare quando sentiamo la necessità di uscire da un modello preformato, dal modo di vedere noi stessi che abbiamo. Cerchiamo di porci sul versante opposto rispetto a ciò che normalmente appariamo a noi stessi.

Contraddiciamoci quando ci va, quando ne sentiamo l'esigenza. Quante volte ci è capitato di essere immersi in una discussione e di accorgerci che, tutto sommato, quello che diceva il nostro avversario non era poi fuori dal mondo? La contraddizione è un modo per uscire da una mentalità monotematica.

Esercizio del pensiero con la pancia

Concentriamoci sugli intervalli tra un respiro e l'altro, osserviamoci dall'esterno focalizzando l'attenzione sull'area del ventre. E proviamo ad ascoltare il ritmo del nostro corpo come se fosse una presenza interiore autonoma dal nostro pensiero e dalla nostra volontà.

Cerchiamo di cedere a poco a poco al flusso del respiro, e abbandoniamoci a una danza ritmica e cadenzata, capace di cullarci in una sensazione di benessere. Poco per volta, percepiamo noi stessi come un luogo neutro, non identificato. Allarghiamo all'infinito il nostro spazio interiore, usciamo dalle costrizioni comportamentali che ci siamo imposti o che ci hanno imposto attraverso un ruolo preformato. Ripetiamoci mentalmente, come un mantra: "Io non sono io, io non so chi sono, io non sono". In questo modo, lentamente, sentiremo che il personaggio che recita ormai meccanicamente dentro di noi, "sfruttando" il nostro corpo, si dissolve. E il fantasma che prevarica il nostro essere più autentico svanirà, portandosi dietro la zavorra di sovrastrutture che ci affliggono.

Esercizio per vivere nel presente

Per galleggiare in questa "terra di mezzo" piena di sorprese e morbidezze occorre innanzitutto viaggiare leggeri: bisogna disfarsi delle "cose", delle zavorre fisiche e soprattutto mentali (attaccamenti). In quest'operazione, liberiamoci dei ricordi, abbandoniamo le scorie della vita passata, inutili e dannose. Prendiamo distanza anche dalle immagini di un futuro possibile, dalle aspettative legate al domani, che ancora ci allontanano dalla nostra essenza attuale. Viviamo nel presente, che è la sostanza dell'eternità: solo così possiamo diventare la cosa che davvero siamo.

Mettiamoci comodi e chiudiamo gli occhi. Scivoliamo indietro con la mente lungo la nostra giovinezza, l'adolescenza, l'infanzia. Cerchiamo di arrivare nel passato remoto, nel tempo in cui i ricordi si perdono. E lasciamoci andare in quella zona di confine, in questa bolla imperfetta priva di definizioni e di dogmi. Rimaniamo assopiti per quindici, venti minuti in questo Nulla così accogliente ed energetico. E poi risaliamo.

Abbandonandoci a questo atteggiamento di annullamento vigile e creativo possiamo avvicinarci al divino e diventare una scintilla insostituibile del grande progetto di autocreazione.

Esercizio della visualizzazione dell'albero

Spegniamo le luci e chiudiamo gli occhi, rilassiamo il corpo e cominciamo a immaginare un albero. Ciascuno scelga l'albero che preferisce... Immaginiamo di avere l'albero di fronte a noi e che piano piano il nostro corpo si rimpicciolisca... Sì, il nostro corpo diventa più piccolo e via via che facciamo questo ci sentiamo circondati dalla luce... da una luce calda. Il nostro corpo rimpicciolito avvolto nella luce... Sentiamo un alone di calore intorno a noi... dentro di noi.

Lentamente collochiamo noi stessi dentro il tronco dell'albero, sempre avvolti nella luce. Dopo qualche istante scendiamo verso le radici, verso il rizoma, dove c'è il centro vitale della nostra pianta. Stiamo lì, rannicchiati dentro la luce al caldo, nel centro dell'energia vitale della pianta. Siamo piccolissimi eppure così ricchi di luce...

Proviamo a immaginare che l'albero, la parte che si trova alla superficie (il tronco e le foglie) venga sottoposto alle intemperie che diventano sempre più forti e ricorrenti. Piano piano l'albero si trova immerso in una tremenda tempesta... Noi restiamo piccoli, avvolti su noi stessi, riparati nella luce. Niente ci può toccare. Niente ci può alterare. Sentiamo il dolore dell'albero, la paura del nostro albero. Non cerchiamo di intervenire, ce ne stiamo lì, rannicchiati nella luce e nel calore. Tutto questo fino a quando, dopo qualche istante, la tempesta recede, torna la calma, l'albero ritrova la sua tranquillità. La luce che ci avvolge si ingrandisce e noi, il nostro corpo, con lei. Lentamente la luce avvolge tutto l'albero. Si forma uno stato di fusione tra noi, la luce e l'albero...

Sarà facile capire che l'albero, il nostro albero, rappresenta il nostro Io in contatto con le intemperie del mondo, cioè tutte le volte che, calati nelle vicissitudini della realtà, siamo sottoposti a giudizi, a sofferenze, a disistima... Se riusciamo a resistere nella luce dell'istante, le intemperie non modificano il nostro benessere interiore.

Esercizio della luce nella pancia

Immaginiamo di trovarci nello spazio e lentamente di danzare... il corpo perde via via la forza di gravità. Si tratta di una danza leggera... calma... libera. Dopo aver danzato a lungo nello spazio (qualche minuto), cerchiamo la stella più luminosa e immaginiamo che entri nella nostra testa e la riscaldi... la luce illumina e riscalda i nostri capelli, i nostri occhi, il naso, la bocca... lentamente poi il petto, le spalle, il tronco, l'addome, le gambe, i piedi.

Quando tutto il corpo è immerso nella luce... incominciamo a sentire il punto di luce più caldo nella pancia... La pancia si scalda e si illumina più di tutto il resto del corpo. Proviamo ad ascoltare la gioia nella pancia. Lentamente la pancia comincia a ridere, poi a ridere a crepapelle, a sghignazzare, a ridere a più non posso.

Si tratta di comprendere che, al di là di ciò che pensa la nostra testa, la pancia può ridere e gioire. Bisogna ricordare questo esercizio e applicarlo più che mai quando ci sembra che un disagio, una frustrazione, un senso di colpa, una disistima insomma, siano l'unica cosa che conta in quel momento. La risata della pancia sospingerà la nostra mente sullo sfondo.

Esercizio dello stato di coscienza

Suggerisco spesso di iniziare la giornata con questo esercizio. Si tratta di mettersi al risveglio nello "stato di coscienza" adatto. Siccome l'autostima comincia al risveglio, quando ci alziamo, mettiamoci il vestito più bello. In genere riserviamo il nostro abito migliore per un incontro significativo. In questo istante, in cui stiamo per vestirci, cerchiamo il nostro abito più bello. Per noi. Indossiamolo come se fosse una seconda pelle. Prendiamo contatto con noi stessi. Non lo facciamo perché incontreremo l'uomo o la donna giusti o perché dobbiamo vedere delle persone importanti: lo facciamo per noi. Se lo facessimo per qualcuna o per qualcuno ci porremmo fuori tempo. Invece, ci mettiamo il vestito più bello in questo istante e... mentre lo facciamo... ci guardiamo. Abbiamo fatto un'operazione di presenza a noi stessi. Ognuno di noi ha nel guardaroba un vestito con cui si è piaciuto... un vestito con cui ritrova la sua immagine migliore. La scelta dell'abito va a maggior ragione fatta quando siamo giù. Non importa se il programma della giornata lo vediamo negativo... In questo istante, mentre ci vestiamo, mettiamo qualsiasi dolore sullo sfondo, dilatiamo l'istante e cerchiamo la nostra immagine più bella.

Esercizio della scala

Quando ci sentiamo particolarmente soggetti all'ansia e al disagio psichico, c'è un esercizio molto semplice che possiamo mettere in pratica, quello della scala. Questa tecnica viene dal taoismo e quindi dall'antica Cina. Mettiamoci seduti, socchiudiamo gli occhi, concentriamo l'attenzione dolcemente sui piedi e sulla pancia e... iniziamo a cedere. Ripetiamo dentro di noi queste parole: "Se l'ansia arriva, io non le resisto".

A questo punto, immaginiamo una lunga scalinata che scende verso il basso, nella penombra. Scendiamo un gradino, due gradini, tre gradini, sei, sette gradini fino ad arrivare a un punto di "non dolore", in cui il disagio e l'ansia scompaiono. Lì ci fermiamo e ci riposiamo, dolcemente.

Esercizio del profumo

Entriamo in un'erboristeria o in negozio di cosmesi naturale e scegliamo un profumo che ci piace a pelle, d'istinto, senza badare alla marca, alla confezione o al tipo di ingredienti che contiene. E gustiamolo, come se fosse un cibo goloso: prima immergendo il naso nella nuvola di fragranza vaporizzata nell'aria, e poi spruzzandolo direttamente sulla pelle. Quando ci dissolviamo nel profumo non esistono più né il prima né il dopo: esiste solo un flusso continuo di presente. Il presente è il tempo nel quale siamo calati adesso, è il nostro ambiente naturale.

Ogni volta che sentiamo un profumo, entriamo in uno spazio mentale diverso che serve a ritrovare il rapporto sottile con noi stessi. poiché l'odore è uno spazio infinitamente importante per l'identità. Il profumo va a sensibilizzare la parte più antica del cervello, il sistema limbico: odorare ogni tanto un'essenza è andare verso una dimensione più sottile. Smettiamola, dunque, di credere che il nostro Io, con i suoi pensieri, sia il centro di tutta la nostra vita, sia l'unico spazio del nostro essere. Per questo andare alla ricerca di un profumo è un modo per andare alla ricerca di un altro nostro spazio. Il profumo in questo senso è decisivo. Chi si intende di profumi sa che c'è il profumo aggressivo, quello dolce, quello tenue... il profumo ha tante varietà, quindi scegliere un profumo in un determinato momento vuol dire scegliere una direzione che magari a noi è stata finora sconosciuta, ma che è significativa in quell'istante per noi, perché non siamo sempre uguali. Quando "scegliamo" di colloquiare con noi stessi attraverso i pensieri facciamo una scelta mentale; potremmo dire che con il profumo facciamo una "scelta" psicosomatica, contattando il nostro spazio più profondo.

Esercizio del digiuno

Tra gli "esercizi" che consiglio spesso ai miei gruppi di autostima, ce n'è uno che ritengo molto importante e che consiste nell'applicazione di due ore al giorno di digiuno. Naturalmente è vero che digiunare in modo completo (senza cibo, acqua, fumo eccetera) per due ore al giorno non è certamente cosa che può farci avvertire un senso di sacrificio o di sofferenza – e comunque in nessun caso credo che la sofferenza vada prescritta, come regola. Ma soffermiamoci sulla coscienza del proprio corpo che può scaturire da un atto, per quanto semplice, di digiuno.

Se è vero che normalmente dalle dieci di mattina a mezzogiorno nessuno di noi è abituato a mangiare, è altrettanto vero che deciderlo e averne coscienza è altra cosa. Questo ci porta alla presenza sul proprio corpo, la presenza a noi stessi, perché dire: "Tanto alla mattina io non mangio" è diverso dal dire: "Il digiuno inizia alle dieci e finisce a mezzogiorno", perché cominciamo a concentrarci sul fatto che, se vogliamo, possiamo non mangiare. Questo è l'elemento fondamentale: l'attenzione a noi stessi.

Nello stesso senso va visto il consiglio di consumare, almeno due volte al giorno, il cibo che ci piace; è un modo per dare al nostro corpo un oggetto d'amore.

In fondo, allora, che cos'è l'autostima?

Per concludere, dunque, possiamo dire di avere un buon livello di autostima quando:

- siamo cedevoli e non abbiamo certezze;
- non giudichiamo e siamo aperti al nuovo;
- ci appassioniamo e quando riusciamo a stare in silenzio;
- sappiamo che cos'è la compassione;
- non abbiamo obiettivi rigidi e prefissati;
- riusciamo a galleggiare nelle cose senza cercare di modificarle a tutti i costi;
- consentiamo alla tristezza di fluire dentro di noi come un'energia purificante;
- non ripetiamo sempre le stesse cose e non abusiamo della facoltà di giudizio;
- ci siamo liberati della nostra storia.